Stephanie Hauptfleisch

Sängerkastraten am Dresdner Hof

DONATUS VERLAG

Meinen Eltern

in Liebe und Dankbarkeit

gewidmet

Bibliografische Information der Deutschen Nationalbibliothek:
Die Deutsche Nationalbibliothek verzeichnet diese Publikation in der
Deutschen Nationalbibliografie; detaillierte bibliografische Daten sind
im Internet über www.dnb.de abrufbar.

Impressum

© 2017 Stephanie Hauptfleisch

Umschlag: DONATUS VERLAG
Verlag: DONATUS VERLAG
Dorfstr. 3, 01665 Niederjahna
Herstellung: Books on demand, BOD Norderstedt
ISBN: 978-3-946710-01-1

www.donatus-verlag.de

Inhaltsverzeichnis

1. **Einführung** — 9

2. **Betrachtungen zur Geschichte und Entwicklung des Kastratentums** — 15

2.1. **Begriffserklärungen** — 15
    2.1.1. Kastrat — 15
    2.1.2. Kastration — 16
2.2. **Kulturhistorische Hintergründe** — 17
2.3. **Somatische und psychologische Aspekte der Kastration** — 20
    2.3.1. Somatische Veränderungen — 20
    2.3.2. Skopzen – lebender Sonderfall der Kastraten — 23
    2.3.3. Soziale Position und psychologische Aspekte — 26
2.4. **Die Kastratenstimme** — 28
    2.4.1. Atemlänge und Ausdauer — 28
    2.4.2. Klangfarbe — 30
    2.4.3. Stimmlage — 31
    2.4.4. Sprechstimme — 32
    2.4.5. Stimmumfang — 32
    2.4.6. Technisch-virtuoser Aspekt — 33
2.5. **Herkunft und Ausbildung** — 35
    2.5.1. Herkunft der Sängerkastraten — 35
    2.5.2. Ausbildung der Sängerkastraten — 37

2.6.	Der Beginn der Kastratenära: Kastratensänger in der abendländischen Kirche	39
2.7.	Kastratensänger als Protagonisten der Oper	42
2.8.	Der Niedergang des Kastratenwesens	46
2.9.	Kastraten und Falsettisten – Eine stimmphysiologische Erläuterung	48

3. Sängerkastraten am Dresdner Hof   52

3.1.	Die Ära Schütz	54
3.2.	Schwankende Dominanz der Italiener am Dresdner Hof	62
3.3.	Hasse und die Glanzzeit der Dresdner Barockoper	79
3.4.	Die Oper als subventioniertes Privattheater	88
3.5.	Paër und die schwindene Dominanz der Italiener	98
3.6.	Weber und Morlacchi – Das Königlich sächsische Hoftheater	101

4. Die Anstellungsverhältnisse der Sängerkastraten am Dresdner Hof   108

	Tabelle I: Übersicht zu allen Kastraten am Dresdner Hof	109
4.1.	Die Dauer der Anstellungsverhältnisse	113
	4.1.1. Die Dauer der Anstellungsverhältnisse unter allgemeinen Gesichtspunkten	113
	4.1.2. Die Dauer der Anstellung unter individuellen Gesichtspunkten	118

4.2.	Die Gehälter der Kastraten	126
	4.2.1. Gehälter in Abhängigkeit verschiedener Parameter	126
	4.2.2. Die Gehälter der Sängerkastraten im Vergleich zu Gehältern anderer Musiker am Dresdner Hof	132
	Tabelle II: Durchschnittsgehälter von Musikern am Dresdner Hof	134
4.3.	Das Repertoire	139
	Tabelle III: Vorstellungen unter der Mitwirkung von Kastraten in Dresden	140
5.	Zusammenfassung	157
	Grafische Darstellung der Anstellungszeiten von Kastraten am Dresdner Hof	166
	Epilog	168

Anhang 169
Quellenverzeichnis 169
Literaturverzeichnis 173
Abbildungsnachweis 180

1. Einführung

Mit dem Aufkeimen des Kastratenwesens in der Kirchen- und Operngeschichte des 17. Jahrhunderts entstanden zahlreiche Spekulationen, Vermutungen und Mythen über die Sänger, die sich aufgrund ihrer operativ herbeigeführten physiologischen Sonderstellung einer stimmlichen wie auch körperlichen Geschlechterzuordnung entzogen und mit ihren hermaphroditischen Stimmen das Opernpublikum in ganz Europa begeisterten. Ausführungen und Geschichten zu dem Leben und Wirken der einstmals umjubelten Sängerkastraten finden sich in verschiedenen Genres der Literatur[1] und sind zudem Gegenstand zahlreicher wissenschaftlicher Forschungen[2].

Die Akzeptanz von Sängerkastraten im gesellschaftlich-künstlerischen Leben stand zur damaligen Zeit nicht im offenen Widerspruch zu den moralischen Werten der Menschen. Die herrschenden Konventionen und Machtverhältnisse tolerierten auf ignorante Weise Eingriffe in die intimen, vitalen Bereiche der Sänger, so dass

---

[1] Exemplarisch seien angeführt: Honoré de Balzac *Sarrasine.*; Sven Deblanc *Kastraten.*; Margriet de Moor *Der Virtuose.*; Voltaire *Candide.*; Christine Wunnicke *Die Nachtigall des Zaren.* Nähere Angaben zu den aufgezählten Titeln finden sich im Literaturverzeichnis.

[2] Beispielsweise seien hier die kulturhistorische Betrachtung von Piotr O. Scholz *Der entmannte Eros*, die musikhistorische Operngeschichte von Hubert Ortkemper: *Engel wider Willen*, die musikwissenschaftlichen Abhandlungen von Irene Adrian *Francesco Ceccarelli* und von Claudia Korsmeier *Der Sänger Giovanni Carestini* erwähnt. Nähere Angaben zu den Titeln finden sich im Literaturverzeichnis.

1. Einführung

es zur Akzeptanz und Förderung von Kastraten im Rahmen von Wissenschaft, Kunst und kirchlichen Institutionen kommen konnte. Auch wenn sich Staat, Kirche und Gesellschaft offiziell vom Ritus der Kastration distanzierten, wurden haltlose Gründe für die Notwendigkeit und Rechtfertigung dieser Operation ohne weiteres Hinterfragen hingenommen. Dass die Kirche jahrzehntelang den größten Bedarf an Sängerkastraten hatte, entzog sich jeglicher Diskussion. Somit fiel eine Erörterung der moralischen und säkularen Werte dieser humanen Destruktion einer musikalischen Auffassung und der Verehrung und Begeisterung für diese besonderen Musiker anheim. Erst im Zuge der Aufklärung bildete sich mit der einhergehenden Veränderung des Kunstgeschmacks eine Motivationsgrundlage, die das selbstentblößende Wissen um die Priorität, die Dominanz und die unnatürlich herbeigeführte Körperlichkeit der Sängerkastraten einer allgemeinen Diskussion preisgab. Diese Gedanken können im Rahmen des vorliegenden Buches zunächst nur angedacht, doch leider nicht zu Ende geführt werden, da sich die Intention der Verfasserin auf eine musikhistorische Thematisierung richtet. Da die Sängerkastraten während ihrer Wirkungszeit in nahezu allen europäischen Musikzentren[3] vertreten waren und

---

[3] So war beispielsweise der Sänger Felice Salimbeni von 1733-39 am Wiener Hof und seit 1743 an der Oper Friedrich des Großen in Berlin angestellt, bevor er 1750 an den Dresdner Hof kam. Auch die Sängerkastraten Michele Patrassi und Gaetano Orsini finden sich zeitweise am Hof zu Wien, Orsini sang zuvor in Prag. Der Sänger Giovanni Carestini stand ab 1750 für die folgenden fünf Jahre in preußischen Diensten. Erinnert sei auch an den berühmten Kastraten Farinelli, der jahrelang im Dienste Philipp V. von Spanien stand. Filippo Balatri sang für Max Emanuel, den Kurfürsten von Bayern, am Münchner Hof. Die Münchner Hofkapelle unter Orlando di Lasso hatte bereits

1. Einführung

im Mittelpunkt des allgemeinen Musikinteresses standen, erfolgt in dieser Arbeit eine lokale Einschränkung mit dem Fokus auf die Hauptstadt des Kurfürstentums Sachsen: Als eine der herausragenden europäischen Musikpflegestätten beherbergte der Dresdner Hof über einen Zeitraum von fast 200 Jahren zahlreiche Sängerkastraten, deren genaue Erfassung und Auflistung bisher noch nicht erfolgte. So soll im Folgenden untersucht werden, welche italienischen Sopranisten und Altisten zu welcher Zeit am Dresdner Hof ihren Dienst leisteten. Als Informationsquellen zur Erhebung dieser Daten dienten vor allem die Akten des Sächsischen Hauptstaatsarchivs Dresden. Dazu werden die Angaben aus dem lokalgeschichtlichen Standardwerk von Moritz Fürstenau[4] herangezogen, der dem damaligen Veröffentlichungsstil entsprechend unter weitgehendem Verzicht von Quellenangaben zahlreiche Hofakten und einige Periodika ausgewertet und unter dem Hinblick des Aufbaus der Dresdner Hofkapelle und der Darstellung des Dresdner Musiklebens zusammengestellt hat. Die umfangreich vorhandene Sekundärliteratur wird ergänzend hinzugezogen.

Diese Arbeit setzt sich zum Ziel, die am Dresdner Hof verpflichteten Sängerkastraten zu erfassen und mit Hilfe der Akten des Staatsarchivs weitere Informationen wie Stimmgruppenzuordnung, Anstellungsdauer, Höhe der jährlichen Besoldung und Repertoire der

---

1562 den ersten Kastraten aufgenommen. Händels „Hauskastrat" an der Oper in London war der aus Dresden abgeworbene Francesco Bernardi, genannt Senesino.

[4] Moritz Fürstenau: Zur Geschichte der Musik und des Theaters am Hofe zu Dresden. 2 Bände. Dresden 1861/62. Reprint Leipzig 1971; abgekürzt als: Fürstenau: Geschichte der Musik. I oder II.

Kastraten angeben zu können. Dabei ist es leider nicht möglich, das von den Kastraten gesungene Repertoire analytisch und im Hinblick auf die Gesangstechnik einzelner Sänger auszuwerten. Eine solch weiterführende Betrachtung wäre allerdings aufgrund der vorliegenden Quellen im Rahmen einer größeren Arbeit perspektivisch äußerst sinnvoll. Denn hieraus ließen sich weitere Schlüsse zur stimmlichen Leistung einzelner Sänger und zu deren Stellung innerhalb des Sängerensembles treffen; ein Vergleich der Sänger untereinander wäre ansatzweise möglich. Zudem könnten umfangreichere Zeitzeugnisse aus den Akten des Dresdner Staatsarchivs, wie beispielsweise Briefe und Bittgesuche, genauer ausgewertet und damit die soziale Position der einzelnen Sängerkastraten näher beleuchtet und im Vergleich zu anderen Musikern des Dresdner Hofes dargestellt werden.

Dieses Buch gliedert sich in drei große Abschnitte. Der erste Teil gibt eine lokal unbegrenzt systematisch-historisch-musiksoziologische Einführung zum Kastratentum im Allgemeinen. Unter Hinzuziehung der benannten Informationsquellen erfolgt im zweiten Abschnitt eine Verknüpfung zwischen den Anstellungsfaktoren der Sängerkastraten mit der Lokalgeschichte des Musiklebens am Dresdner Hof. Die aus den Aussagen dieses Kapitels zu erstellende Tabelle I dient als Grundlage für den folgenden dritten Abschnitt, in dem die dargestellten Fakten ausgewertet und daraus resultierend Schlussfolgerungen zur Anstellungsdauer, zu den Gehältern und zu dem am Dresdner Hof dargebotenen Repertoire durch die Sänger-

1. Einführung

kastraten getroffen werden sollen. Weitere tabellarische Darstellungen (Tabellen II-III) können dabei das Verständnis der einzelnen Kapitel erleichtern.

Im Hinblick auf den kulturhistorischen Hintergrund werden die italienischen Sänger, die am Dresdner Hof hauptsächlich solistisch im Sopran- oder Altfach verpflichtet wurden und von denen ein eindeutiger Hinweis auf eine erfolgte Kastration fehlt, dennoch als Kastratensänger angenommen, da ein Einsatz von italienischen Falsettisten zu der damaligen Zeit nahezu auszuschließen ist.[5] Deutsche Sänger hingegen wurden während der Wirkungszeit der Sängerkastraten am Dresdner Hof vereinzelt als Altisten im Chor eingesetzt und führten dieses Stimmfach mit Hilfe des Falsettregisters aus. Diese nichtkastrierten Sänger werden in dieser Arbeit als „Männeraltisten" bezeichnet. Noch heute wird die Musik der damaligen Zeit mit Begeisterung aufgenommen und rezipiert. Dabei lösen die nun falsettierenden Interpreten, je höher sie in der Tonskala aufzusteigen in der Lage sind, zunehmende Verzückung, Euphorie und einen Begeisterungstaumel aus, der die Frage nach den Sängerkastraten der zurückliegenden Musikepochen vielleicht nicht umfassend stellt. Zuwenig wird und wurde diskutiert, unter welchem persönlichen Verzicht die Bewältigung der Musik durch die Sängerkastraten mit dem Anspruch zu erfüllen war, den die Kompositionen vorgaben. Zuwenig bedenkt und bedachte man, dass ein Eingriff in die individuelle Menschenwürde zur Grundlage

---

[5] Vgl. dazu auch Kapitel 2.6.

einer bestimmten Musikrichtung wurde, dass diese Destruktion akzeptiert und wenn sie mit Erfolg bedacht war, ausgiebig gefeiert wurde. An den Rezipienten und Kunstliebhaber stellt sich somit die Aufgabe der kritischen Betrachtung und Hinterfragung der Bedingungen für die Musik. Die Brisanz um die Thematik des Kastratenwesens wird damit sicher noch keinen Abschluss finden.

2. Betrachtungen zur Geschichte und Entwicklung des Kastratentums

2.1. Begriffserklärungen

2.1.1. Kastrat

Der Begriff „Kastrat" geht aus dem indogermanischen Stamm „kast" hervor, der sich in verschiedenen Sprachen finden lässt.[6] So wird das lateinische „castus" als „keusch", „sittenrein" oder auch als „heilig" übersetzt. Die Übertragung des lateinischen Verbums „castrare" hingegen bedeutet „verschneiden" oder „entmannen". Der aus dem lateinischen Verb entlehnte deutsche Ausdruck „kastrieren" weist die gleiche Bedeutung auf. So nennen die Franzosen die „Verschnittenen" „castrats", die Italiener „castrati", die Spanier „castrados", und die Engländer bezeichnen die Verschnittenen als „castrati". Auch das deutsche Wort „kasteien" für „keusch leben" leitet sich aus dem Stamm „kast" ab.[7]

Als Kastrat wird ein männlicher Sänger des 17. und 18. Jahrhunderts bezeichnet, an dem zum Zweck der Erhaltung der hohen Knabenstimme vor der Mutation der chirurgische Eingriff der Verschneidung vollzogen worden ist, sodass dieser „mit Knabenstimme" sprechen und singen konnte.[8]

---

[6] Duden. Das Herkunftswörterbuch. Band 7. Mannheim 1997. Artikel: Kastrat.
[7] Hans Fritz: Kastratengesang. Tutzing 1994; S. 16; abgekürzt als: Fritz: Kastratengesang.
[8] Irene Adrian: Francesco Ceccarelli. Salzburg 1990; S. 3; abgekürzt als: Adrian: Ceccarelli.

2.1.2. Kastration

Der Begriff der Kastration bezeichnet die Entfernung derjenigen Organe des menschlichen Körpers, die zur Fortpflanzung notwendig sind. Dies sind beim Mann die sogenannten Keimdrüsen, Testikel oder Hoden, bei der Frau sind es die Ovarien oder Eierstöcke.[9] Die Kastration zur Erhaltung der hohen Knabenstimme wurde üblicherweise im Alter zwischen sechs und acht Jahren durchgeführt, indem die Testikel durch die Zertrennung des Samenstrangs entfernt oder die Keimdrüsen in heißem Wasser zerquetscht wurden.[10] An den Sängerkastraten wurde keine Totaloperation vorgenommen, so dass für sie zwar nicht mehr die Möglichkeit der *potentia generandi*[11], wohl aber die der *potentia coeundi*[12] bestand.[13] Da die Dauer für die Operation und Genesung auf ungefähr 13 Tage festgelegt wurde, kann man davon ausgehen, dass die Operation zu ihrer Zeit als „Routineeingriff" mit schneller Wundheilung gelten sollte.[14] Andere Auskünfte über den Verlauf des Eingriffes und der anschließenden Heilung schildern eine Zeit der Rekonvaleszenz

---

[9] Franz Haböck: Die Kastraten und ihre Gesangskunst. Leipzig, 1927; S. 1; abgekürzt als: Haböck: Gesangskunst.
[10] John Rosselli: The Castrati as a professional group and a social phenomenon, 1550-1850. In: Acta Musicologica 60, 1988; S. 151; abgekürzt als: Rosselli: Castrati.
[11] Verkehr zum Zwecke der Fortpflanzung.
[12] Geschlechtsverkehr ohne Zeugungshintergrund.
[13] Peter Browe: Zur Geschichte der Entmannung. Eine religions- und rechtsgeschichtliche Studie. Breslau 1936 S. 2; abgekürzt als: Browe: Entmannung.
[14] Rosselli: Castrati. S. 151.

2.1.2. Kastration

von drei Monaten, die sich durch verschiedenste Komplikationen verlängern oder gar zum Tode des Verschnittenen führen konnte.[15] Allerdings wird über die Art und Weise der Ausführung des chirurgischen Eingriffes nur wenig bekannt gegeben, da diese Operation zu künstlerischen Zwecken strengstens untersagt war und somit nur im Verborgenen durchgeführt wurde.[16] Von den medizinischen

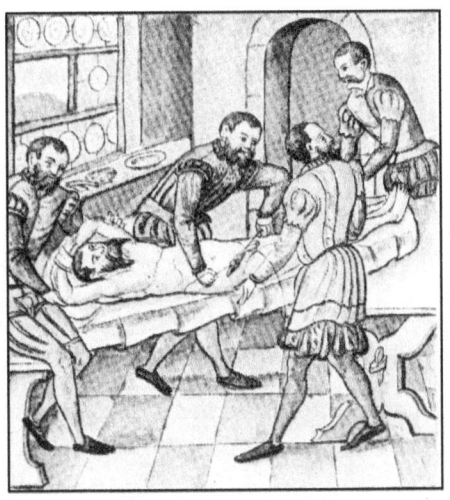

Eine Bruchoperation um 1500 bei gleichzeitiger Entfernung der Hoden, Stich von Caspar Stromayr, 1559.

Verhältnissen der damaligen Zeit ausgehend ist zu schlussfolgern, dass die Operation mit einem erheblichen Risiko für Gesundheit und Leben verbunden war.

2.2. Kulturhistorische Hintergründe

Der Ursprung der Kastration wurzelt tief in den Heroensagen griechischer Mythologie, in denen der Sieger, ob Gott oder Mensch, dem Besiegten nach dem Kampf dessen Männlichkeit als Symbol

---

[15] Karl Konrad Grass: Die russischen Sekten. Band II: Die Weißen Tauben oder Skopzen. Leipzig 1966; S. 5 ff., abgekürzt als: Grass: Skopzen.
[16] Im Mittelalter wurden Kinder zur Verhütung von Krankheiten wie Lepra und Gicht präventiv kastriert. Diese gängige Maßnahme wurde später ausgenutzt, um den Missbrauch der Kastration bei Sängern unter dem Deckmantel einer wegen Krankheit zwingenden Operation durchzuführen.

2.2. Kulturhistorische Hintergründe

der feindlichen Niederlage und Vernichtung abnahm.[17] So spiegelt sich der damals übliche Brauch der Kastration in zahlreichen Göttersagen und Epen, als auch in kriegerischen Schilderungen der vergangenen Jahrhunderte wider.[18] In Homers *Ilias* bemächtigte sich der Held der Waffen und der Rüstung seines niedergeworfenen Gegners und warf dessen *„Scham vor die Hunde"*. Der Bericht der „Sizilianischen Vesper" aus dem Jahr 1282 stellt dar, wie die Sieger ihren Feinden die Scham als Trophäe abnahmen. Dergleichen ist aus dem beginnenden 20. Jahrhundert bekannt, als im Balkan- und im Tripoliskrieg Soldaten dem gräulichen Brauch der Kastration durch die Sieger zum Opfer fielen.[19]

In den Überlieferungen nach Martial[20] und Ovid[21] waren die Kastraten im alten Rom Lustknaben für Männer und Frauen. In der Antike leisteten die Verschnittenen bei kultischen Handlungen verschiedenen Göttern ihren Dienst, während sie in der arabischen Welt als Haremswächter anzutreffen waren. In Griechenland wurden junge Athleten kastriert, um durch die Operation die Gelenkigkeit ihrer Körper aufrechterhalten zu können.[22] Ebenso wird

---

[17] Vgl. Hesiodos: Theogonie: *„Doch mit der Rechten ergriff er die Sichel, die riesige, lange, Scharf und gezahnt, und mähte die Scham des eigenen Vaters Eilig ihm ab […]."*, S. 107.
[18] Haböck: Gesangskunst. S. 17.
[19] Ebd. S. 19.
[20] Marcus Valerius Martialis (40–104 n. Chr.), römischer Dichter.
[21] Publius Ovidius Naso (43 v. Chr.–17 n. Chr.), römischer Dichter.
[22] Karin Ott: Handbuch der Verzierungskunst in der Musik. Band 5: Das Lied – Die Kastraten. München 1999; S. 253; abgekürzt als: Ott: Kastraten.

2.2. Kulturhistorische Hintergründe

von römischen Pantomimen und Tänzern berichtet, die im Hinblick auf die Erhaltung ihrer körperlichen Biegsamkeit und Beweglichkeit eigens für künstlerische Zwecke kastriert wurden.[23] Gleichermaßen ist in der Bibel von Verschnittenen die Rede, *„die von Mutterleib so geboren sind. Auch gibt es Verschnittene, die verschnitten werden von Menschen; noch gibt es Verschnittene, die sich des Himmelreichs wegen selbst verschnitten."*[24] Als Beispiel für das Verschneiden „des Himmelreichs wegen" sei hier der große Kirchenlehrer Origines angeführt, der laut Überlieferung seine Kastration im Alter von 18 Jahren selbst an sich vornahm, um den „Anfechtungen der Sinne" zu entgehen.[25] Die Kirche verurteilte offiziell die Kastration während eines langen Zeitraumes: *„Kein Entmannter oder Verschnittener soll in die Gemeinde des Herrn kommen"*[26], ohne sie jedoch ausdrücklich zu verbieten; die an diesem Eingriff Beteiligten wurden jedoch mit der Exkommunikation bestraft.[27] Für den Beginn und Bestand der Ära der Sängerkastraten nahm die Kirche eine entscheidende Rolle ein, indem sie jahrzehntelang den größten Bedarf an Kastratensängern hatte,[28] ohne nach

---

[23] Haböck: Gesangskunst. S. 69.
[24] Matthäus 19,12.
[25] Origines (185–254 n. Chr.), bedeutender Gelehrter des christlichen Altertums; erster christlicher Kastrat, der sich nachweislich mit Musik und Gesang beschäftigte.
[26] Das fünfte Buch Mose (Deuteronomium) 23,2.
[27] Claudia Maria Korsmeier: Der Sänger Giovanni Carestini (1700–1760) und „seine" Komponisten. Die Karriere eines Kastraten in der ersten Hälfte des 18. Jahrhunderts. In: Schriften zur Musikwissenschaft aus Münster 13, Eisenach 2000. S. 9; abgekürzt als: Korsmeier: Carestini.
[28] Vgl. Kapitel 2.6.

deren Herkunft und der Beschaffenheit ihrer hohen Stimmen zu fragen.

Die Kommentare des Kirchenrechtslehrers Balsamon[29] aus dem 12. Jahrhundert legen von singenden Eunuchen der orientalischen Kirche seit dem 3. Jahrhundert Zeugnis ab. Allerdings lässt es sich nicht zweifelsfrei klären, wann und wo die Knaben ihrer reizenden Stimme wegen erstmals kastriert wurden. Hinweise auf den Eingriff zur Bewahrung der hohen Stimmlage sind bereits aus dem Altertum erhalten.[30] Das erste bedeutende Wirkungsfeld von Sängerkastraten im Abendland ist höchstwahrscheinlich der Chor der Sixtinischen Kapelle in Rom, der im Zeitraum von 1562 bis 1922 Kastratensänger vorweisen kann.[31]

2.3. Somatische und psychologische Aspekte der Kastration
2.3.1. Somatische Veränderungen

Da die Kastration der Sängerknaben vor dem Einsetzten der Mutation durchgeführt wurde, behinderte diese Operation die Ausbildung der sekundären Geschlechtsmerkmale erheblich. Die durch die Beschneidung veränderte Produktion der männlichen Sexualhormone bzw. der dadurch herbeigeführte gänzliche Ausfall der innersekretorischen Tätigkeit der Keimdrüsen sowie die vermehrte

---

[29] Theodorus Balsamon (1140–1195), byzantinischer Kanonist. In seinen Kommentaren zu den lokalen Synoden ist von singenden Eunuchen die Rede.
[30] C. Plinius Secundus: Historia naturalis XI c.112, S. 370.
[31] Fritz: Kastratengesang. S. 236.

2.3.1. Somatische Veränderungen

Aktivität der weiblichen Hormone hatten weitreichende körperliche Folgen: die Muskeln der Kastrierten wurden schwächer ausgebildet; die typisch männliche Körperbehaarung einschließlich des Bartwuchses blieb aus, wohingegen das Kopfhaar eine größere Dichte als beim nichtkastrierten Mann aufwies. Es kam zu einer Hypertrophie der Brustdrüsen. Die verzögerte Verknöcherung der knorpeligen Epiphysenfugen hatte einen übermäßigen Wuchs der Röhrenknochen und damit ein übernormales Längenwachstum zur Folge,[32] so dass die Kastraten im Erwachsenenalter lange Extremitäten, dagegen aber schmale Schultern und ein breites Becken mit Fettansatz an den Hüften aufwiesen.[33] Auf diese Weise näherte sich der Kastrierte in seinem Körperbau und seiner Körperbehaarung dem femininen Typus an. Die für den Kastratensänger weitaus wichtigeren und beabsichtigten Folgen der Operation waren die Auswirkungen auf den Stimmapparat. Im normalen Verlauf der Entwicklung wächst der Kehlkopf bei Knaben in der Pubertät um etwa ein Drittel.[34] Ist dieses Wachstum nach ungefähr sechs bis zwölf Monaten abgeschlossen, formt sich durch die Vergrößerung und Verknöcherung des Kehlkopfes der Winkel des Schildknorpels heraus, der sogenannte „Adamsapfel", dessen Fehlen ein deutlich

---

[32] Max Scheier: Über den Kehlkopf des Eunuchen. In: Monatsschrift für Ohrenheilkunde sowie für Kehlkopf-, Nasen-, Rachenkrankheiten. Heft 35/10; 1901. S. 440; abgekürzt als: Scheier: Kehlkopf.
[33] Zeitgenössische Karikaturen stellen die Kastraten übereinstimmend als unförmig, grotesk groß oder mit einer ungeheuren Leibesfülle dar. Vgl. Abbildung S. 22 des in Dresden angestellten Sängerkastraten Carestini.
[34] Adrian: Ceccarelli. S. 3.

2.3.1. Somatische Veränderungen

Karikatur des Kastraten Giovanni Carestini von Antonio Maria Zanetti, 1743.

sichtbares Kastratenkennzeichen war.[35] Durch die ausbleibenden männlichen Hormone war das Wachstum des Kehlkopfes bei den Verschnittenen extrem verlangsamt, so dass die Größe des Larynx eines Kastraten im Erwachsenenalter unwesentlich größer als ein Knabenkehlkopf war.[36] Die verzögerte Verknöcherung der Epiphysenfugen garantierte zudem eine ebenfalls stark verspätete Ossifikation des Knorpel-Gewebes im Bereich des Stimmapparats, so dass der Kehlkopf eines Kastratensängers weicher und schmiegsamer blieb als der eines nichtkastrierten Sängers.[37]

Diese bestehende Verknorpelung übte einen enorm positiven Einfluss auf die Beweglichkeit und Geläufigkeit der Kastratenstimme

---

[35] Scheier: Kehlkopf. S. 440: Da bei den vor der Mutation kastrierten Männern eine gänzliche Ossifikation des Kehlkopfes ausbleibt, vereinigen sich die beiden Schildknorpelplatten zu einem stumpfen Winkel, so dass die Erscheinung des „Adamsapfels" ausbleibt.

[36] Der Kehlkopf wuchs bei den Kastrierten innerhalb eines Zeitraumes von mehreren Jahrzehnten und erreichte nie das Größenausmaß eines nichtkastrierten Mannes. Scheier: Kehlkopf. S. 440; vgl. auch: Haböck: Gesangskunst. S. 4 ff.

[37] Ebd. S. 441: Scheier gibt an, dass die Verknöcherung des Kehlkopfes sich mit zunehmendem Alter fortsetzt, dass die Kehlkopfknorpel des Kastraten jedoch auch in hohem Alter im knorpligen Zustand bleiben.

aus.[38] Da der Kehlkopf eines Verschnittenen beständig, wenn auch extrem langsam weiterwuchs, veränderte sich die Stimme des Sängers im Laufe der Jahre sowohl dem Ambitus als auch der Klangfarbe nach. Diese physiologische Erscheinung findet bei einigen Kastratensängern im Wechsel vom Sopran- ins Altfach ihre Bestätigung.[39]

2.3.2. Skopzen – lebender Sonderfall der Kastraten

Die Skopzen sind eine Sekte, die sich ca. 1775 in Russland und Rumänien bildete und besonders im 19. Jahrhundert eine starke Verbreitung fand.[40] Als sichtbares Kennzeichen der männlichen Mitglieder dieser Gemeinschaft gilt die teilweise oder vollständige Verschneidung der äußeren Geschlechtsorgane. Als erster Apostel und Vollzieher der Verschneidung gilt der Skopze André Iwanow, der die Auffassung dieser Sekte propagierte:[41] Da die meisten Menschen von der Lehre Christi abwichen, indem sie ihren fleischlichen Schwächen und Leidenschaften folgten, sei den Skopzen die Verkündigung der wahren Lehre zur Aufgabe gestellt, die sie mittels

---

[38] Vgl. dazu Moritz Fürstenau: Beiträge zur Geschichte der königlich-sächsischen musikalischen Kapelle. Meser in Dresden 1849; S. 121: „*Er* [Francesco Bernardi] *besaß eine helle, durchdringende Stimme, mit besonderer Biegsamkeit und eine seltene Kehlvirtuosität* [...]."; Abgekürzt als: Fürstenau: Beiträge.
[39] Beispiele hierfür sind u.a. die Sängerkastraten Bernardi, Carestini, Ceccarelli.
[40] Grass: Skopzen. S. 6. Skopze leitet sich von „skopéz" („der Verschnittene") ab. Neben den Skopzen existieren in heutiger Zeit auch in Indien Männer, die im Knaben- oder Mannesalter kastriert wurden. Zu diesen sogenannten „Hijras" gibt es aber keine physiologischen Untersuchungen, weshalb sich der Exkurs auf die Skopzen beschränkt.
[41] Ebd. S. 23.

2.3.2. Skopzen – lebender Sonderfall der Kastraten

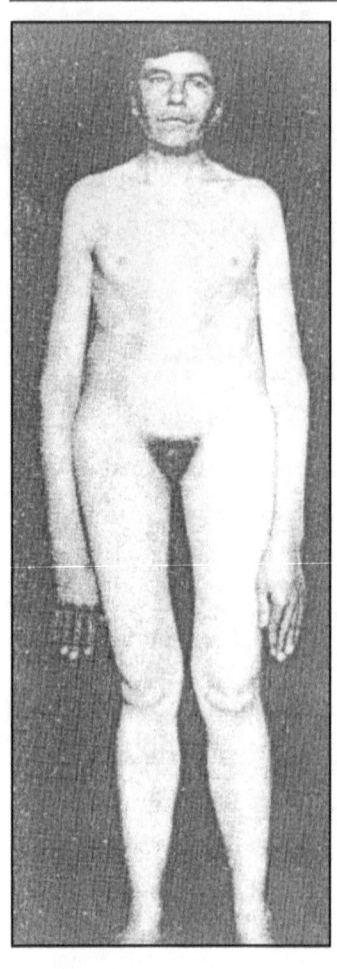

Der Skopze Iwan Gregor, Foto um 1910.

der Verschneidung der Geschlechtsorgane und mit der damit einhergehenden Keuschheit bewahrten.[42] Die Selbstverstümmelung wird hierbei als Martyrium und Buße des sündigenden Menschen aufgefasst, dessen Unheil durch den Geschlechtsverkehr zwischen Adam und Eva in die Welt gekommen sei. Da innerhalb der skoptischen Gemeinschaft die dem israelischen Volk von Gott auferlegte „Beschneidung" als Euphemismus für eine gänzliche „Verschneidung" der Genitalien verstanden wurde, wird die Kastration als der einzig von Gott gewollte Heilsweg dargestellt.[43] Diese grausame Umdeutung der biblischen Texte[44] führte dazu, dass trotz der juristischen Verfolgung dieser Sekte Knaben und Männern bis weit in das 20. Jahrhundert hinein verschnitten wurden.

Merschejesky nahm im 19. Jahrhundert die Existenz dieser frühkastrierten Skop-

---

[42] Grass: Skopzen. S. 658.
[43] Ebd. S. 650 f.
[44] Matthäus 19,12/Lukas 23,29 etc.

2.3.2. Skopzen – lebender Sonderfall der Kastraten

zen zum Anlass, um mittels einer Reihenuntersuchung die physiologischen Phänomene der Kastration auf einer empirisch-begründbaren Basis dokumentieren zu können.[45] Diese Studie bestätigte die wissenschaftlich getroffenen und überlieferten Aussagen zu den äußeren Erscheinungsmerkmalen der vor der Mutation Verschnittenen. So konnten das überdurchschnittliche Längenwachstum, die schwächere Ausbildung der Muskeln, die geringere Körper- und stärkere Kopfbehaarung, die eher feminine Fettverteilung sowie das stark verzögerte Wachstum des Kehlkopfes nachgewiesen werden.

---

[45] W. O. Merschejewsky: Einfluß der Verschneidung auf die Entwicklung des männlichen Organismus. In: E. Pelikan: Gerichtlich-medicinische Untersuchungen über das Skopzenthum in Russland. Gießen 1876; abgekürzt als: Merschejewsky: Verschneidung.

2.3.3. Soziale Position und psychologische Aspekte

> *„Daß die Castraten von jeher und zu allen Zeiten in der Regel unsittliche Menschen waren, unterliegt keinem Zweifel, darf ihnen selbst aber weniger zur Last gelegt werden."*[46]

Die negativen Schilderungen der charakterlichen und sittlichen Eigenschaften der Kastraten haben sich bis weit in das 19. Jahrhundert hinein erhalten. So führten Missgunst und menschliches Vorurteil gegenüber den Verschnittenen zu Anschuldigungen, in denen sie als hochmütig, eitel, geistlos, feige und niederträchtig bezeichnet wurden.[47] Andere geschichtliche Überlieferungen widersprechen jedoch diesen Vorurteilen, indem sie die Kastraten als aufopferungsvolle, gewissenhafte und geduldige Lehrer schildern oder andererseits deren kompositorischen und virtuosen Leistungen huldigen.[48] Trotz des veränderten Hormonhaushalts bei den Kastraten müssen ebenso wie bei nichtkastrierten Menschen unter-

---

[46] Gustav Schilling: Encyclopädie der gesamten musikalischen Wissenschaften oder Universal-Lexikon der Tonkunst. Band II. S. 133; abgekürzt als: Schilling: Encyclopädie; ebenso: Giuseppe Baretti: Beschreibung der Sitten und Gebräuche in Italien. Breslau 1781; Band I, S. 300: *„Die Sänger* [Kastraten] *werden in Italien sehr verachtet […]. Jeder, der nur ein bisschen mehr ist als ein Ladenbesitzer, redet Sänger […] mit Voi (herablassend) oder Tu (gegen den dienenden Stand gebräuchlich) an, nicht mit Lei, selbst Cafarello* [berühmter Kastrat] *muß sich das gefallen lassen. Dann gibt man ihnen geringschätzige Beinamen.";* abgekürzt als: Baretti: Sitten.
[47] Adrian: Ceccarelli. S. 4.
[48] Haböck: Gesangskunst. S. 10.

2.3.3. Soziale Position und psychologische Aspekte

schiedliche Verhaltensweisen und Charaktere angenommen werden. Ein Einfluss auf die allgemeine geistige Leistungsfähigkeit ergab sich durch den medizinischen Eingriff der Kastration nicht. Des Weiteren muss davon ausgegangen werden, dass *„zwischen der Moral und den Keimdrüsen engere Beziehungen nicht vorauszusetzen sind."*[49] Einige der unbegründeten Vorurteile lassen sich allerdings auf die spezifische Lebenssituation der Sänger beziehen: Da den Kastraten durch kirchliches Verbot die Ehe verwehrt war,[50] lebten sie meist allein. Als Sänger mussten sie Wert auf die Pflege ihres Äußeren und auf die Auswahl ihrer Kleidung legen. Durch die teilweise großartigen sängerischen Erfolge schlug ihnen neben horrenden Einnahmen eine grenzenlose Bewunderung entgegen, welche die Kluft von der höfischen zur bürgerlichen Welt nur noch vergrößerte; das Verhältnis der Gesellschaft zu den Kastraten blieb ambivalent:[51]

„Stets waren sie [Kastraten] *von aller sittlichen Gesellschaft ausgeschlossen, den meisten Menschen zum Spott dienend, wie hatten sie da selbst moralisch gut seyn können?"*[52]

---

[49] Paul Julius Möbius: Beiträge zur Lehre von den Geschlechtsunterschieden. Marhold, Halle 1903/04; Heft 3/4: Über die Wirkung der Castration. S. 96; abgekürzt als: Möbius: Geschlechterunterschiede.
[50] Vgl. dazu August Wilhelm Hupel: Vom Zweck der Ehen. Ein Versuch, die Heurath der Castraten und die Trennung unglücklicher Ehen zu verteidigen. Riga 1771; abgekürzt als: Hupel: Ehen.
[51] Adrian: Ceccarelli. S. 4.
[52] Schilling: Encyclopädie. B. II. S. 133.

Dass die beschriebenen Eigenschaften immer als Folge der Lebensumstände zu betrachten sind und dass die Erfolgreichen unter den Sängerkastraten mit materiellen Mitteln das zu ersetzen suchten, *„was ihnen der Wahn der Menschen vorenthielt"*[53], ist dabei nur allzu verständlich.

2.4. Die Kastratenstimme
2.4.1. Atemlänge und Ausdauer

In zeitgenössischen Berichten ist mehrfach davon zu lesen, wie die Kastratensänger mit lang ausgehaltenen Tönen die Zuhörer schier um den Verstand brachten:

„Nur muß ich eines meisterhaften Künstlercoups erwähnen, durch den Sassaroli mich entzückte und überraschte. Er hielt nehmlich einen hohen Ton ausnehmend lange aus, solange, dass mir die Brust zusammengeschnürt wurde, weil ich es unwillkürlich nicht wagte, Athem zu schöpfen, während der Sänger seinen Ton hielt. [...] Ich habe so etwas noch nicht gehört. Das geht in der That über alles Denken."[54]

Haböck gibt an, dass Sassaroli einen Ton volle fünfzig Sekunden lang aushalten konnte.[55] Diese Fähigkeit, Töne auf einem extrem langen Atem zu singen, ist den Kastraten aufgrund ihrer physiologischen Voraussetzungen gegeben. Wie bereits erläutert,[56] war der

---

[53] Haböck: Gesangskunst. S. 296.
[54] Clemen Otto: Dresdner Eindrücke aus dem Jahre 1816. In: Dresdner Geschichtsblätter 1918 Nr. 1; S. 96; abgekürzt als: Otto: Eindrücke.
[55] Haböck: Gesangskunst. S. 182.
[56] Siehe 2.3.1.

2.4.1. Atemlänge und Ausdauer

Kehlkopf eines Kastraten ungefähr um ein Viertel kleiner als der eines nichtkastrierten Mannes.[57] Trotz des jahrzehntelangen, stark verzögerten Wachstums erreichte der Stimmapparat des Verschnittenen nie die ausgewachsene Größe eines Nichtkastrierten, sondern behielt seine kindliche Organform bei.[58] Der Brustkorb der Kastraten entwickelte sich dagegen zu normaler Größe,[59] so dass dem kleinen Stimmapparat mit der dazugehörigen kleinen Stimmritze eine verhältnismäßig überdurchschnittliche Luftkapazität der Lunge gegenüberstand. Dieses Wachstumsverhältnis trug bei den Kastratensängern zu hervorragenden Resonanz- und Atembedingungen bei: Die kleinen Stimmbänder konnten mit einem geringen Atemaufwand zum Vibrieren gebracht werden, was den Sänger zu einem überdurchschnittlich langen Atem befähigte. Zudem ließen sich technische Schwierigkeiten aufgrund dieser günstigen Atemvoraussetzung in Kombination mit dem knorplig gebliebenen Kehlkopf wesentlich leichter überwinden.[60] Haböck schreibt:

„*Dieser Reichtum an Atem ist kein erworbener, sondern die natürliche Folge einer unnatürlichen, am Knaben verübten Operation.*"[61]

Dennoch sei darauf hingewiesen, dass das von den Kastratensän-

---

[57] Scheier: Kehlkopf. S. 440.
[58] Ebd. S. 442.
[59] Untersuchungen der Skopzen ergaben, dass der Brustumfang bei Verschnitten in der Regel sogar größer ist als bei Nichtkastrierten. Vgl. Fritz: Kastratengesang. S. 237.
[60] Franziska Martienssen-Lohmann: Der wissende Sänger. Zürich 1988; S. 167; abgekürzt als: Martienssen-Lohmann: Sänger.
[61] Haböck: Gesangskunst. S. 121.

gern regelmäßig und seit frühester Jugend durchgeführte Atemtraining die ohnehin schon begünstigenden physiologischen Voraussetzungen unterstützte und sowohl die körperliche Beschaffenheit der Kastraten als auch deren Ausbildung dazu beitrugen, dass sie einer Sängerin oder einem nichtkastrierten Sänger in Bezug auf die Atemlänge und -ausdauer weit überlegen waren.

2.4.2. Klangfarbe

Da bis auf die Aufnahmen von Alessandro Moreschi[62] keine solistischen Tondokumente von Kastratensängern existieren, kann man nur aufgrund der physiologischen Konstitution auf die Klangfarbe der Kastratenstimme schließen. Der Kastrat hatte keinen weiblichen Kehlkopf, sondern sein Stimmapparat entsprach eher dem Organ eines Knaben vor der Mutation.[63] Das überdurchschnittliche Atemvolumen unterschied den Kastraten von den körperlichen Gegebenheiten eines nichtkastrierten Mannes. Ebenso wurde die hohe Stimme des Sängerkastraten in der Weite des zu normaler Größe gewachsenen Mund-, Nasen- und Rachenraumes wesentlich mehr schallverstärkt als bei einer Frau. All diese Gegebenheiten, verbunden mit dem Höreindruck der Aufnahme Moreschis lassen den Schluss zu, dass die Kastratenstimme mehr dem Timbre eines Knaben als dem einer Frau verwandt zu sein schien,[64] wobei die Stimme in ihrem Volumen weder mit der eines nichtkastrierten

---

[62] Alessandro Moreschi: The last Castrato. Opal CD 9823.
[63] Haböck: Gesangskunst. S. 78.
[64] Adrian: Ceccarelli. S. 8.

Sängers noch mit der einer Sängerin verglichen werden kann. Zeitzeugen berichten oftmals von einem „hermaphroditischen Klang"[65] der Kastratenstimmen oder äußerten sich wie folgt:

„Eine schöne, jugendliche, völlig ausgebildete Kastratenstimme geht über alles in der Musik. Kein Frauenzimmer hat diese Festigkeit, Stärke und Süßigkeit des Tons und so aushaltende Lungen."[66]

2.4.3. Stimmlage

Da durch den chirurgischen Eingriff der Kastration die Mutation und damit das Wachstum des Kehlkopfes verhindert wurden, sangen die Kastrierten weiterhin in der Stimmlage der Knaben und Frauen, also im Sopran- und im Altfach.[67] Bei mehreren Sängerkastraten kam es im fortgeschrittenen Alter zu einem Übergang vom Sopran- ins Mezzosopran- oder Altfach:

„Denn weil, bey zunehmenden Jahren, die Stimme, bey vielen, sich nach der Tiefe neiget: so wird mancher Sopranist [...], entweder den Alt singen müssen; oder er wird, wenn er, aus abgeschmackter Eitelkeit, doch noch immer den Namen eines Sopranisten beybehalten will, sich genöthigt sehen, allen Componisten sich bestens zu empfehlen, daß ja die Noten, die für ihn geschrieben werden, nicht über den vierten Zwischenraum der fünf Linien, (das ist über das zweygestrichene c), hinauf steigen, auch sich da nicht aufhalten möchten."[68]

---

[65] Im Zuge der Thematisierung des Kastratentums kam es zu Versuchen, die Stimme eines Sängerkastraten mittels Computertechnik nachzuahmen.
[66] Wilhelm Heinse: Hildegard von Hohenthal. Band I. Berlin 1795, S. 27.
[67] Haböck: Gesangskunst. S. 100.
[68] Pier Francesco Tosi & Johann Friedrich Agricola: Anleitung zur Singkunst. Leipzig 1966; S. 45; abgekürzt als: Tosi/Agricola: Singkunst.

2.4.4. Sprechstimme

Bei der Sprechstimme der Kastrierten ist von den bereits erläuterten physiologischen Gegebenheiten auszugehen. Daraus ergibt sich, dass die Sprechstimme der Verschnittenen der gleichen Tonlage wie der ihrer Singstimme, also der Sopran- oder Altlage entspricht. Delbrosse äußert sich zu diesem Kuriosum wie folgt: *„Man ist erstaunt, wann man sie* [die Kastraten] *in Gesellschaft trifft, aus diesen Kolossen eine Kinderstimme kommen zu hören."*[69]

Mattheson fand, dass *„die Stimmen der italienischen Sänger, welche fast alle Kastraten sind, den Stimmen ihrer Weiber ganz ähnlich klingen."*[70]

2.4.5. Stimmumfang

Wenn man davon ausgeht, dass sich die Kastratensoprane bei gleicher Höhe wie ein Frauensopran stimmlich weiter in die Tiefe erstrecken konnten, lässt sich schlussfolgern, dass der Stimmumfang eines guten Kastratensängers durchschnittlich größer war als bei einem nichtkastrierten Sänger bzw. einer Sängerin.[71] So schwankte der Stimmumfang eines Sängerkastraten zwischen zwei bis drei Oktaven innerhalb eines Ambitus von d-f```.[72] Allerdings darf man nicht vorrangig von den in den Arien gedruckten Tonumfängen

---

[69] Delbrosse zitiert bei Möbius: Geschlechtsunterschiede. S. 20.
[70] Johann Mattheson: Critica musica I. 1722, S. 154; abgekürzt als: Mattheson: Musica.
[71] Matthesons Bemerkung dürfte hier zutreffend sein, dass die Kastraten dem Stimmumfang nach ihren Sängerkollegen häufiger überlegen waren als umgekehrt.
[72] Haböck: Gesangskunst. S. 100.

ausgehen, da diese Arien dem Sänger ja nur als Grundlage für seine improvisierten Verzierungen dienten.[73] Ebenfalls sollte berücksichtigt werden, dass sich die Stimmlage der Kastraten mit fortschreitendem Alter veränderte, und somit zur Betrachtung des Ambitus ein bestimmter Zeitabschnitt innerhalb der Sängerlaufbahn eines Kastraten betrachtet werden muss.

2.4.6. Technisch-virtuoser Aspekt

Wie bereits unter 2.4.2. geschildert, wurden die kastrierten Knaben seit früher Jugend für die Ausbildungszeit von ungefähr sechs bis zehn Jahren und wegen der ausbleibenden Mutation ununterbrochen im Gesang und den dazugehörigen Disziplinen unterrichtet. Dies verschaffte den Sängerkastraten einen erheblichen Vorteil gegenüber ihren weiblichen Kolleginnen[74], da diese einerseits erst nach der vollzogenen Mutation und damit erst nach Ausreifung des weiblichen Stimmapparates mit dem Gesangsstudium beginnen konnten und sie andererseits auch durch kunstästhetische und ge-

---

[73] Ott: Kastraten. S. 279.
[74] Auch wenn das Auftreten von Frauen auf der Bühne im Kirchenstaat verboten war, kam es doch immer wieder zum verdeckten Auftritt weiblicher Sängerinnen, die sich in Männerkleidung einen Weg auf die Bühne verschafften. Ein Beispiel für den unerlaubten Einsatz einer Sängerin in Rom findet sich am 8. April 1708 zur Aufführung des Händel-Oratoriums *La resurrezione* HWV 47. Die Sopranpartie wurde hier von der Sängerin Margherita Purastante übernommen. Nach einem Verweis der päpstlichen Zensur sang in der Folgeaufführung des Ostermontags 1708 ein Soprankastrat diese Partie. Aufgrund der Schwierigkeit der Komposition ist davon auszugehen, dass der Kastrat die Rolle nicht unvermittelt übernahm.

2.4.6. Technisch-virtuoser Aspekt

sellschaftliche Regeln in ihrer künstlerischen Tätigkeit und Ausbildung eingeschränkt waren.[75] Neben der langen und intensiven Ausbildungszeit trug wiederum die körperliche Beschaffenheit der Kastraten zu deren Vorteil innerhalb eines Sängerensembles bei. Die durch das Verhältnis von Lungenkapazität und Kehlkopf erzeugte Atemausdauer sowie die durch die weit verzögerte Verknöcherung des Schildknorpels gegebene Beweglichkeit des Kehlkopfes befähigten die Kastraten zur Ausführung hochvirtuoser Partien und zur kunstvollen Ausschmückung der von ihnen gesungenen Arien. Um ihr gesangliches Vermögen exzessiv darstellen zu können, kam ihnen die Opernpraxis des 18. Jahrhunderts zugute: Hier wurden bei der Komposition einer Oper ganze Partien auf die Fähigkeiten eines bestimmten Sängers hin entworfen, so dass dessen stimmliche Stärken hervorgehoben und Schwächen überdeckt werden konnten. Diese perfekte Darbietung der Gesangskunst eines Sängers sicherte oft den Erfolg eines gesamten Opernunternehmens, so dass die Sänger, insbesondere die Kastraten als Höhepunkte des Opernabends, perfekt und Erfolg versprechend präsentiert wurden.[76] Zudem gab eine notierte Arie immer nur das zu singende Grundgerüst vor, so dass sich die Sänger durch künstlerisch-virtuose Verzierungen und Ausgestaltungen bestens darstellen konnten.[77] Da es gängiger Bestandteil der damaligen Opernpraxis war, Arien der Oper durch die sogenannten „Favoriten-Arien" des

---

[75] Adrian: Ceccarelli. S. 9.
[76] Korsmeier: Carestini. S. 3.
[77] Ebd. S. 156.

2.5.1. Herkunft

jeweiligen Sängers zu ersetzen, gelang es den Kastraten, stimmlich schon bevorteilt durch ihre physiologische Beschaffenheit und die lange und ununterbrochene Ausbildung, sich durch die für sie eigens komponierten „Favoriten-Arien" speziell und extravagant in Szene zu setzen, so dass sie sowohl mit ihrer Stimmtechnik, als auch durch ihre Virtuosität und Kunstfertigkeit des Gesanges glänzen konnten.

2.5. Herkunft und Ausbildung der Sängerkastraten
2.5.1. Herkunft

In der die Sängerkastraten betreffenden Literatur ist man einstimmig der Ansicht, dass die Verschnittenen vorwiegend aus niederen sozialen Schichten stammen.[78] So lässt Benedetto Marcello in seiner Satire Folgendes anklingen:

„Ist der Virtuose Alt oder Sopran, so hat er manchen guten Freund, der sich in den Gesellschaften zu seinen Gunsten äußert, der ihn (um die Wahrheit zu sagen) aus einer anständigen und ehrbaren Familie stammen lässt; er wird noch hinzufügen, daß der Sänger nur wegen einer gefährlichen Krankheit sich dem Eingriff unterziehen musste, und daß einer seiner Brüder Philosophielehrer, ein anderer Arzt ist, eine Schwester Nonne, die andere die Ehefrau eines Bürgers [...]."[79]

---

[78] Sergio Durante: Der Sänger. In: Geschichte der italienischen Oper. hrsg. von L. Bianconi und G. Pestelli. Band 4: Die Produktion. Struktur und Arbeitsbereiche, Laaber 1990, S. 377; abgekürzt als: Durante: Sänger. Vgl. Korsmeier: Carestini. S. 13.

[79] Zitiert bei Durante: Sänger. S. 377, nach Benedetto Marcello: Il teatro alla moda (Venedig 1720). Pizzicato Edizioni Musicali, Udine 1992; S. 43.

2.5.1. Herkunft

Der Anteil der unehelich geborenen Knaben, an denen die Kastration vollzogen wurde, war groß.[80] Die Jungen, die später operiert wurden, fielen während ihrer Kindheit meist durch ihre sängerische und musikalische Begabung einem Geistlichen oder einem Kapellmeister auf, der dann mit dem Verweis auf den bevorstehenden künstlerischen und finanziellen Erfolg des Knaben und damit auf die Möglichkeit einer Verbesserung der ökonomischen Situation der Eltern diese meist von der Ausführung der Kastration überzeugen konnte.[81] In Hinsicht auf sozialgeschichtliche Ereignisse, wie der schweren Wirtschaftskrise in Italien zwischen 1680 und 1730, ist es erklärbar, dass die späteren Sängerkastraten somit vorzugsweise aus den ärmlichen Bevölkerungsschichten rekrutiert wurden.[82] Als Rechtfertigungsgrund gegenüber Dritten wurde nach erfolgter Operation auf einen angeblichen Unfall oder auf eine Krankheit des Jungen verwiesen. Bei einem erfolgreichen Verlauf der Sängerkarriere war es üblich, dass die Kastraten zur Verschleierung ihrer Abstammung Künstlernamen annahmen, die, wenn überhaupt, nur noch von ihrem Herkunftsort, nicht mehr jedoch von ihrer Familie zeugen konnten. Wurde von der Verwendung eines Pseudonyms abgesehen, konnte in einigen wenigen Fällen die Kastration mehrerer Söhne einer sozial niedrig gestellten Familie nachgewiesen werden.[83]

---

[80] Durante: Sänger. S. 377.
[81] Korsmeier: Carestini. S. 13.
[82] Ebd. S. 11.
[83] Haböck: Gesangskunst. S. 443: Im Fall der Familie Melani waren vier (!) von insgesamt acht Söhnen Kastraten.

2.5.2. Ausbildung

Die Bezahlung der musikalischen Ausbildung für den angehenden Sänger wurde meist noch vor der Operation vertraglich festgelegt und erfolgte gewöhnlich als materielle Einbeziehung des Lehrers in das Berufsleben des Schülers oder als Beteiligung an dessen späteren Einnahmen.[84] Der kastrierte Junge trat die Ausbildung, die in der Regel sechs bis zehn Jahre umfasste, im Alter zwischen acht und zehn Jahren an. Die Unterbringung der Schüler erfolgte in Waisenhäusern, die als Musikinternate zur Verfügung standen und von Stiftungen oder Kirchen unterhalten wurden.[85] Die Alternative zu den sogenannten Konservatorien stellte die Wohngemeinschaft mit einem privaten Lehrer dar. Die Schüler der Konservatorien erhielten eine allgemein humanistische und umfangreich musikalische Ausbildung. Diese beinhaltete neben dem Gesangsunterricht Studien zur Musiktheorie, zur Improvisation, zum Kontrapunkt, die Schulung der Kompositionstechniken, Übungen im Instrumentalspiel und die Aneignung der Gesangsliteratur. Aufgrund der durch den Kastrationseingriff ausbleibenden Mutation konnten die Schüler kontinuierlich und ohne Pause im Gesangsstudium fortschreiten. Die hier zugrunde gelegte Technik und die beständigen Gesangsübungen, verbunden mit der physiologisch begründeten Beweglichkeit des Stimmapparates, befähigten die Kastraten zu der

---

[84] Korsmeier: Carestini. S. 20.
[85] Ott: Die Kastraten. S. 256.

2.5.2. Ausbildung

Ausreifung einer gesanglichen Fertigkeit, die weit über die stimmlichen Möglichkeiten einer Frau hinausging.[86] Den Gesangsunterricht erteilten meist hochqualifizierte italienische Gesangslehrer[87], die eine hervorragende Gesangs- und Atemtechnik vermitteln konnten. In den Konservatorien[88] wurden neben den Sängern auch Instrumentalisten ausgebildet. Die Kastraten wurden jedoch ihren Kommilitonen vorgezogen, indem sie zur Schonung ihrer Stimme und ihrer physischen Kräfte von schwerer körperlicher Arbeit befreit waren, eine bessere Kost erhielten und in den wärmeren Räumen des Konservatoriums einquartiert wurden.

---

[86] Für die Gesangsübungen vgl. Marietta Amstad: Das berühmte Notenblatt des Porpora. In: Musica 23. Firenze 1969; S. 453-455; abgekürzt als: Amstad: Porpora.
[87] Beispielsweise seien die Lehrer Porpora und Bernacchi angeführt.
[88] Das erste Konservatorium in Italien entstand in Neapel: das Konservatorium Santa Maria di Loreto wurde 1537 gegründet.

2.6. Der Beginn der Kastratenära: Kastratensänger in der abendländischen Kirche

Der Beginn des Kastratenwesens in den Kirchen des Orients erstreckt sich bis weit in das 12. Jahrhundert hinein, während Kastraten im kirchlichen Dienst des Abendlandes erst seit dem 16. Jahrhundert nachzuweisen sind.[89] Gemäß des Paulus-Wortes *Mulier taceat in ecclesia*[90] kam es zum Ausschluss der Frauenstimmen aus der Kirche. So verbot Regino von Prüm (um 840–915)[91] zu Beginn des 10. Jahrhunderts in seinen Anweisungen für die Pfarrvisitationen allen Frauen den Gesang innerhalb der Kirche.[92] Dieses Verbot von Sängerinnen wurde vom Papst im Jahr 1588 als Auftrittsverbot auf die Bühnenräume ausgeweitet und blieb mit Unterbrechungen offiziell bis 1798 bestehen.[93]

„Daß keine Weibsperson bei hoher Strafe Musik aus Vorsatz lernen solle, um sich als Sängerin gebrauchen zu lassen; denn man wisse wohl, daß eine Schönheit, welche auf dem Theater singen, und dennoch ihre Keuschheit bewahren wollte, nichts anderes tue, als wenn man in den Tiber springen und doch die Füße nicht naß machen wolle.'[94]

---

[89] Adrian: Ceccarelli. S. 10.
[90] 1. Korinther 14, 34: „*Wie in allen Gemeinden der Heiligen sollen die Frauen schweigen in der Gemeindeversammlung; denn es ist ihnen nicht gestattet zu reden, [...]* ".
[91] Musiktheoretiker, Kanonist und Abt der Abtei Prüm.
[92] Ott: Kastraten. S. 254.
[93] Korsmeier: Carestini. S. 8; 1667 Verbot durch Clemens IX. gilt für Frauen auf der Bühne; 1686 Verbot durch Innozenz XI. gilt für sämtliche Theater; Erneuerung des Verbots durch Clemens XI. (Amtszeit 1700-1721) und Clemens XII. (1730-1740).
[94] Franz Michael Rudhart: Geschichte der Oper am Hofe zu München. Band I: Die italiänische Oper von 1654-1787. Freisingen 1865. S. 41.

2.6. Kastratensänger in der abendländischen Kirche

Somit kam die Kirche in die moralische Verlegenheit, einerseits dem ausgedeuteten Gebot des Paulus, andererseits den Worte des Deuteronomiums[95] gerecht werden zu müssen. Also bediente man sich zur Ausführung der Sopran- und Altpartien in der Vokalmusik der Falsettisten und Knaben.[96] Da nur wenige Sänger dem Kirchenchor angehörten und somit die Besetzung bei vielstimmigen Chorwerken solistisch erfolgte,[97] musste jeder der Sänger über eine fundierte Gesangstechnik verfügen, um den virtuosen Forderungen der Musik gerecht werden zu können. Mit den wachsenden Ansprüchen der neuen Kompositionen, der Erweiterung des Tonraumes in der Vokalmusik und der zunehmenden Virtuosität innerhalb der Chorwerke erwuchs der Anspruch an musikalisch leistungsfähige Sänger der hohen Stimmlagen. Die Knaben, deren Verwendungsdauer durch die bevorstehende Mutation stark beschränkt war, zeigten sich hiermit überfordert. Auch die Falsettisten waren diesen Ansprüchen kaum mehr gewachsen und konnten dem Streben nach vokaler Professionalität nicht mehr gerecht werden. Zudem wurden ihre Stimmen als zu schrill empfunden, so dass es zur Anstellung „anderer" Sänger für die Sixtinische Kapelle kam:[98] Im Jahr 1562 trat der erste spanische Kastrat Francesco Soto

---

[95] Das fünfte Buch Mose 23,5; Vgl. 2.2. dieser Arbeit.
[96] Adrian: Ceccarelli. S. 10.
[97] Kirchenchöre zu der Zeit von Gabrieli und Lasso waren häufig einzelstimmig besetzt (Solistenensembles). Erst 1625 wurde unter Papst Urban eine achtfache Besetzung der vier Stimmgattungen festgelegt.
[98] Korsmeier: Carestini. S. 9.

2.6. Kastratensänger in der abendländischen Kirche

in die Sixtinische Kapelle ein. Die sängerischen Fähigkeiten der Falsettisten waren keinesfalls mit denen der Kastraten vergleichbar, so dass die Falsettisten rasch durch die Kastraten verdrängt wurden.[99] Da inländische (italienische) Kastratensänger mit der gleichen gesanglichen Fähigkeit ausgestattet, aber im Anstellungsverhältnis billiger waren als die ausländischen Kräfte, verabschiedete Papst Sixtus 1589 die Bulle zur offiziellen Anwerbung von italienischen Kastraten für den Chor. Bereits zehn Jahre zuvor trat der erste italienische Kastrat, der Sänger Girolamo Rosini, in die Kapelle ein. Ihm folgte sein Landsmann Paolo Folignati.

Nachdem 1625 der letzte spanische Sopranist Giovanni de Sanctos verstorben war, übernahmen die italienischen Kastraten sämtliche Plätze im Sopran- und Altfach.[100] Erst Leo XIII.[101] verfügte darüber, dass keine weiteren Kastratensänger mehr in den Chor der Sixtinischen Kapelle aufgenommen werden dürften.[102] So fand die Ära der Kastraten im Jahr 1922, nach 360jährigem(!) Bestehen mit dem Tod des letzten Kastratensänger der Sixtinischen Kapelle, Alessandro Moreschi, ihren Abschluss. Der Anstoß, der vom römischen Chor und dessen Sängern ausging, war enorm: Ab dem 17. Jahrhundert verbreiteten sich die Kastratensänger über ganz Italien nach Europa und wurden zu den führenden Protagonisten der Opernwelt.

---

[99] Adrian: Ceccarelli. S. 11.
[100] Agnus Heriot: The Castrati in Opera. Calder and Boyars, London 1975, S. 12; abgekürzt als: Heriot: Castrati.
[101] Leo XIII. (1810–1903) 1878–1903 Papst.
[102] Browe: Entmannung. S. 90.

2.7. Kastratensänger als Protagonisten der Oper

Nachdem die Auslegung des Paulus-Wortes *Mulier taceat in ecclesia* im Jahr 1588 auf die Bühnenräume übertragen wurde und die Entstehung der neuen musikdramatischen Gattung ihr Klangideal auf die Solostimme und deren stimmlich-virtuose Professionalität richtete, begann in der Mitte des 17. Jahrhunderts mit der Oper das eigentliche Herrschaftsgebiet der Kastratensänger. In den ersten Bühnenwerken von Caccini und Peri waren die hohen Partien noch den weiblichen Sängerinnen zugedacht, oder wurden in Ermanglung derselben von fistulierenden Männern übernommen, die jedoch bald als „störende Unmöglichkeit"[103] betrachtet wurden:

„Man gedenke sich z. E. einen Acteur mit schwarzem Barte und grober Stimme, bei der Rolle der Pamela in der Comödie des Goldoni. Er mag mit noch so viel Verstand und Empfindung spielen, so bleibt seine ganze Figur und Stimme doch äußerst anstößig bei einer so zärtlichen Rolle. [...] Mit den Kastraten, welche die weiblichen Rollen in der Oper vorstellen, hat es eine andere Bewandtnis: Ihre Figur und Stimme ist so beschaffen, daß man den Unterschied nicht so bemerkt und die Wahrscheinlichkeit folglich nicht beleidigt wird."[104]

Die Stellungnahme der katholischen Kirche gegenüber dem Frauengesang machte somit den Kastraten auch die Ausführung der weiblichen Rollen zugänglich. Dabei ist nicht genau ermittelbar,

---

[103] Haböck: Gesangskunst. S. 224.
[104] Johann Jacob Volkmann in: Historisch-kritische Nachrichten von Italien Bd. I; Leipzig 1777, S. 77; abgekürzt als: Volkmann: Nachrichten.

2.7. Kastratensänger als Protagonisten der Oper

wann und wo eine Frauenrolle erstmals von einem Kastratensänger übernommen wurde.[105] Als gesichert kann allerdings die Übernahme der Hauptrolle bei der Uraufführung von Claudio Monteverdis *Orfeo*[106] im Jahr 1607 durch den Florentiner Kastraten Giovanni Guadalberto gelten.[107]

Mit dem Verbot der Bühnenwirksamkeit von weiblichen Darstellerinnen stieg die Nachfrage an Kastratensängern für die Frauen- und Protagonistenrollen enorm an.[108] Im Jahr 1637 wurde das erste öffentliche Operntheater Italiens, das Teatro San Cassino in Venedig eingeweiht; ihm folgte die Eröffnung weiterer Bühnen in ganz Italien. Das Netz von europäischen Opernhäusern und Theatern verdichtete sich. Die Kastraten, die bisher dem Kirchendienst unterstellt waren, zogen diesem nun ein festes Engagement an einem Opernhaus vor und verlagerten damit ihr Hauptaugenmerk auf die Operntätigkeit. Hier begann die „Glanzzeit der Kastraten",[109] die zu einem professionellen Geschäft mit den Stimmen der Verschnittenen und zu damit verbundenen folgenreichen Dimensionen führte: In Italien entstanden inoffizielle Kastrationszentren.[110] Volkmann berichtet:

---

[105] Alexander von Weilen gibt ohne nähere Daten an, dass der erste Kastrat 1634 in Venedig auf der Bühne erschienen sei. In: A. v. Weilen: Geschichte des Wiener Theaterwesens. Wien 1899, S. 55; abgekürzt als: Weilen: Wiener Theaterwesen.
[106] Claudio Monteverdi (1567-1643) „*L'Orfeo*". Uraufführung im Februar 1607 (Mantua).
[107] Haböck: Gesangskunst. S. 228; ebenso Fritz: Kastratengesang. S. 138.
[108] Adrian: Ceccarelli. S. 13.
[109] Fritz: Kastratengesang. S. 139.
[110] Norcia ist das „bekannteste" Kastrationszentrum Italiens, gefolgt von Monte Cassino. Vgl. Haböck: Gesangskunst. S. 237; Patrick Barbier: Histoire des Castrats. Paris 1989,

2.7. Kastratensänger als Protagonisten der Oper

„Die meisten Castraten, welche in und außer Italien singen, sind aus der neapolitanischen Fabrik, wo die Armuth und der unglückliche Reiz des Gewinnstes das Volk grausam genug macht, die Kinder auf diese Art zu verstümmeln, zumal wenn sie mehr Söhne haben. [...] Es geschieht aber oft, daß die Knaben ihre Stimme theils durch die Operation, theils, wenn die Jahre der Mannbarkeit kommen, dennoch verlieren. Man behauptet, daß von hundert kaum einer geräth, und eine recht schöne Stimme bekommt.'[111]

Doch in dem Zeitzeugnis von Burney findet sich auch ein Hinweis auf die Durchführung der Operation in Deutschland:

„Unter den Sängern in dieser Schule [in der Stadt Ludwigsburg] *befinden sich schon funfzehn Kastraten, denn der Hof hat zwei Bologneser Wundärzte im Dienste, welche diese Operation sehr gut verstehen sollen.'*[112]

Im 18. Jahrhundert wurden laut Haböck jährlich an die 4000(!) Knaben kastriert, um ihnen eine Laufbahn als Sänger und damit einen finanziellen Gewinn für die ganze, meist ärmliche Familie des Betreffenden zu ermöglichen. Zu sängerischen Erfolgen gelangte jedoch nur eine Minderheit.
Der Grund für die ständig wachsende Einflussnahme der Sängerkastraten zeigt sich auf musikalischem Gebiet: Durch die professio-

---

S. 18 f.; abgekürzt als: Barbier: Histoire; des Weiteren zu finden bei Piotr O. Scholz: Der entmannte Eros. Düsseldorf 1997; S. 254; abgekürzt als: Scholz: Eros.
[111] Volkmann: Nachrichten, Band III. S. 46.
[112] Charles Burney: Tagebuch einer musikalischen Reise. Leipzig 1968. S. 231; abgekürzt als: Burney: Tagebuch.

2.7. Kastratensänger als Protagonisten der Oper

nelle und hochqualifizierte von den Kastraten repräsentierte Gesangskunst war es möglich, die Darstellung der Konflikte und Geschehnisse einer Opernhandlung auf den dramatischen Sologesang zu verlagern, wobei das Orchester in die Begleitposition zurücktrat.[113] Die zu singenden Arien gaben meist nur das Grundgerüst der Melodiefolge wieder, so dass die Sängerkastraten Verzierungen und Ausschmückungen einbauen konnten, die das Gesangsstück zu einem einzigartigen Kunstwerk werden ließen, das die gesanglichen, kompositorischen und virtuosen Leistungen der Sänger bestens darzustellen vermochte.[114] Somit ist der Gesang der Kastraten mit der Entwicklung der italienischen Vokalmusik, insbesondere mit dem Beginn der Belcanto-Oper, stark verwoben. Die Kastratensänger nahmen das Publikum derart für sich ein, dass der *Primo uomo* zum „tatsächlichen Beherrscher der Oper"[115] aufstieg, der keine Möglichkeit außer Acht ließ, seine Ensemblemitglieder durch Virtuosität und Professionalität zu übertreffen und mit seinem sängerischen Erfolg auch den des Komponisten und Librettisten zu sichern wusste. Auf die Natürlichkeit der Frauenstimmen glaubte man verzichten zu können „*und schützte mit dem Messer eine Moral, die durch diesen Schutz in ihren elementarsten Grundlagen verletzt wurde.*"[116]

---

[113] Browe: Entmannung. S. 94.
[114] Ott: Kastraten. S. 258.
[115] Haböck: Gesangskunst. S. 236.
[116] Ebd. S. 150.

2.8. Der Niedergang des Kastratenwesens

Nachdem die Kastratensänger in der ersten Hälfte des 18. Jahrhunderts bei ihren Zuhörern Begeisterungsstürme auslösten und enthusiastisch glorifiziert wurden, vermehrten sich bereits in der zweiten Hälfte desselben Jahrhunderts kritische Stimmen gegen diese kulturpsychologische Erscheinung und deuteten deren Zerfall an. Man kritisierte die unverhältnismäßige Selbstdarstellung der Sänger, die mit einer Vernachlässigung der bühnen-dramatischen Ausführungen und der Überhandnahme der vokalen Ornamentik einherging.[117] Im Zuge der reformierten Aufklärung Rousseaus wurden die widernatürlichen Stimmen der Verschnittenen, sowie der dazu führende und moralisch nicht zu vertretene Eingriff stark kritisiert und abgelehnt. Der durch die Französische Revolution bewirkte gesellschaftliche Umsturz führte zu einer selbstbewussteren Auffassung von Freiheit und Menschenwürde, die der Erscheinung des Kastratenwesens widersprach und eine Änderung des musikalischen Geschmacks herbeiführte.[118] Die Beschwerden, dass die

---

[117] Adrian: Ceccarelli. S. 17.

[118] Dagegen verzeichnet Burney wiederholt Klagen der Fachleute gegen das Nachlassen der großen Tradition der Gesangskunst: „*Er* [Metastasio] *glaubte nicht, daß noch ein Sänger übrig wäre, der seine Stimme so brauchen könnte, als die alten Sänger gelehrt wurden. Ich bemühte mich, die Ursache davon anzugeben, und er war mit mir einig, daß die Theatermusik zu instrumentalisch geworden wäre; und daß die Cantaten aus dem Anfange des gegenwärtigen Jahrhunderts, die keine andere Begleitung hatten als ein Clavicymbel oder ein Violoncell, viel mehr Singekunst erforderten, als unsere neumodischen Arien, bei welchen das Rauschen des Accompagnements sowohl Fehler als Schönheiten verbergen und dem Sänger forthelfen kann.*" zitiert bei Haböck: Gesangskunst. S. 488.

2.8. Der Niedergang des Kastratenwesens

reine Repräsentation des schönen Stimmklangs und der virtuosen Kehlfertigkeit der Kastraten zur Entwertung und Verflachung der ursprünglichen Bestimmung der italienischen Oper und zur Ablenkung von Komponist und Librettist führe, nahmen mehr und mehr zu. Mit der von Gluck begonnenen und von Mozart fortgeführten Reform der *opera seria* wurde das Natürlichkeitsideal der Aufklärung auch auf die Ansprüche an die Bühnenästhetik übertragen, so dass der „virtuose Exhibitionismus"[119] der Kastraten dem neuen, natürlich-dramatischen Ideal der Oper weichen musste. Der Sänger hatte sich nun dem Gebot des Dramas zu beugen, Ton- und Textdichter nahmen die Sinne der Zuhörer für sich in Anspruch. Die burleske Realität der *opera buffa* stellte die Akteure vor neue, dramaturgische Ansprüche, welche die Existenzberechtigung der vorwiegend sängerischen Leistung der Kastraten fraglich erscheinen ließ.[120] Auch der Widerstand von Gesellschaft und Kirche gegen die Sitte der Kastration verstärkte sich unter der veränderten Kunstästhetik zunehmend. Mehr und mehr übernahmen wieder Sängerinnen die Sopranpartien. Mit der veränderten Orchesterbesetzung wandelte sich der Orchesterklang, so dass der Sänger das Primat seiner Stellung einschränken musste.[121]

Nur die Erscheinungen der Zeit und die vorherrschende musikalische Ästhetik führten die Kastraten im frühen 18. Jahrhundert auf ihrem Weg einem Höhepunkt entgegen, der alsbald von negativ

---

[119] Adrian: Ceccarelli. S. 17.
[120] Haböck: Gesangskunst. S. 497.
[121] Ott: Kastraten. S. 262.

akzentuierten Stimmungen, vom aufklärerischen Denken, von ethisch-moralischen Gesichtspunkten und dem durch die Glucksche Opernreform ausgelösten allgemeinen Wandel des musikalischen Geschmacks in eine Richtung gelenkt wurde, die den frenetischen Rufen *„Evviva il coltello! Benedetto il coltello!"*[122] der entzückten Italiener Einhalt gebot. Leider gelang es der neuen, aufklärerischen Strömung nicht, bis in den Süden des heutigen Italiens vorzudringen: Hier wurde die Unsitte der Kastration trotz der nun stetig sinkenden Berufs- und Erwerbschancen weiter gepflegt, so dass schließlich Napoleon am 26. Mai 1805 im Mailänder Dom die Knabenkastration und darauf abzielende Handlungen mit Androhung der Todesstrafe verbot.[123] Bis allerdings der letzte Sängerkastrat starb, sollten noch weitere 117 Jahre vergehen.

2.9. Kastraten und Falsettisten: Stimmphysiologische Erläuterung

Da den Frauen der Gesang in der Kirche untersagt wurde,[124] setzte man im Laufe der Entwicklung der Mehrstimmigkeit zur Ausführung der hohen Gesangslagen Falsettisten ein, die seit dem Beginn des 17. Jahrhunderts kontinuierlich durch die Kastratensänger verdrängt wurden.[125] Wie unter 2.4. erläutert, ist die Stimmlage der Kastraten nicht auf die Ausführung einer speziell angewandten

---

[122] Italienisch für *„Es lebe das Messerchen! Gesegnet sei das Messerchen!"*; zitiert bei Haböck: Gesangskunst. S. 490.
[123] Ebd. S. 498.
[124] Vgl. Kapitel 2.6. dieser Arbeit.
[125] Ank Reinders: Atlas der Gesangskunst. Kassel 1997; S. 53; abgekürzt als: Reinders: Atlas. Vgl. Kapitel 1.6.

2.9. Kastraten und Falsettisten: Stimmphysiologische Erläuterung

Technik, sondern auf den operativen Eingriff der Kastration zurückzuführen: Die Erhaltung der Stimmlage eines Alts oder Soprans war beabsichtigte Folge des Eingriffs. Anders verhält es sich bei den Falsettisten, deren Kehlkopf sich während der Mutation uneingeschränkt zur ausgewachsenen Größe heranbilden kann, so dass bei den nichtkastrierten Männern normalerweise eine Tenor-, Bariton- oder Bassstimmlage vorzufinden ist. Durch die Ausführung des Falsettregisters ist es diesen Sängern allerdings möglich, auch in der Alt-, selten in der Sopranlage singen zu können. Der Begriff „Falsett" leitet sich aus dem italienischen „falso" für „falsch" ab und ist die Bezeichnung der um etwa eine Oktave hochgestellten, männlichen Gesangs- und Sprechstimme mit nun weiblichem Klangcharakter.[126] Diese besondere Benutzung der Stimme wird vom Gehirn über den *Nervus recurrens* gesteuert. Dieser bewirkt, dass der Ring-Schildknorpelmuskel (*Musculus cricothyreoideus*) den Schildknorpel über den Ringknorpel nach unten zieht. Dadurch werden die Stimmlippen, die

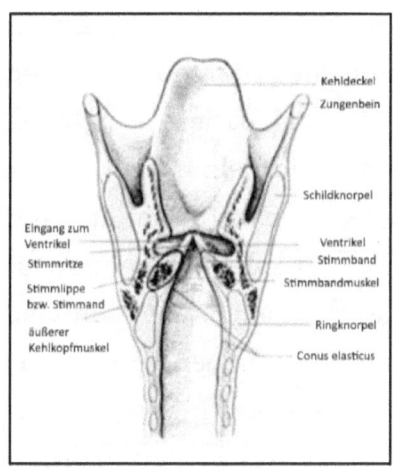

Vertikaler Kehlkopfschnitt.

---

[126] Günter Wirth: Stimmstörungen. Lehrbuch für Ärzte, Logopäden, Sprachheilpädagogen & Sprecherzieher, Köln 1995; S. 129; abgekürzt als: Wirth: Stimmstörungen.

2.9. Kastraten und Falsettisten: Stimmphysiologische Erläuterung

vom Schildknorpel zu den hinten auf dem Ringknorpel befindlichen Stellknorpeln verlaufen, in voller Länge gestreckt.[127] Diese Streckung basiert ausschließlich auf der Kontraktion des Ring-Schildknorpelmuskels. In der somit erzeugten Passivspannung schwingen im Strom der Atemluft nur etwa 2/3 der Stimmlippen; ein vertikaler Phasenunterschied im Schwingungszyklus bleibt aus.[128] Auch kommt es durch die extreme Spannung der schwingenden Stimmlippen zu einer minimalen Verschlussphase derselben, so dass sich die Stimmlippen pro Sekunde sehr häufig schließen können, was wiederum die Erzeugung einer hohen Hertz-Zahl und damit die Erzeugung eines hohen Tons bewirkt. Da bei einer ungeschulten Stimme das Singen im Falsettregister zwei- bis siebenmal mehr Luft verlangt als das modale Singen (Singen mit Vollstimme) und zudem durch eine heisere Tongebung charakterisiert wird, ist für den professionellen Einsatz dieses Registers die Anwendung der sogenannten Atemstütze (muskulär geführte Atemtechnik) unabwendbar. Nur im gestützten Falsett kommt es zu einem Glottisschluss und somit zu einer Modifizierbarkeit der gesungenen Töne; der Atemverbrauch gleicht sich dem des modalen Singens an, so

---

[127] Reinders: Atlas. S. 22 f.
[128] Das menschliche Stimmband besteht aus einer umhüllenden Schleimhaut, unter welcher wiederum untereinander verschiebbare Schleimhautschichten eng mit dem *Musculus vocalis* verknüpft sind. Dieser Muskel ist für die Erzeugung feiner Spannungsabstufungen innerhalb des Stimmbandes verantwortlich. Im Schwingungszyklus kommt es zu vertikalen und horizontalen Ausschlägen der Stimmlippen. Im Falsett kommt es zu einer Passivspannung der Stimmbänder, so dass die Spannung der Stimmlippen fast ohne Mitbeteiligung des *Musculus vocalis* entsteht. Es schwingen nur die Außenbereiche, die Schleimhaut des Stimmbandes. Vgl. Reinders: Atlas. S. 26 f.; 43.

2.9. Kastraten und Falsettisten: Stimmphysiologische Erläuterung

dass die Klangqualität und Tragfähigkeit der im Falsettregister erzeugten Töne gewährleistet wird.[129]

Mit der Renaissance der Barockmusik, die zu ihrer Zeit hauptsächlich von den Kastraten gesungen wurde, kam es zu einer intensiven Beschäftigung und Weiterentwicklung der Technik des Falsetts. Der Auftritt des Falsettisten[130] Alfred Deller im Jahr 1950 war für die Zuhörenden noch neu und ungewohnt, doch bereits Ende des 20. Jahrhunderts eroberten die Falsettisten die Bühnen und Konzerträume mit den einstigen Partien der Kastraten.[131]

---

[129] Reinders: Atlas. S. 68.
[130] Häufig werden die Begriffe Altus, Countertenor und Falsettist synonym benutzt. Die heutigen Countertenöre gehen über das Stimmfach eines Falsettisten hinaus, indem sie beim Gebrauch der „Kopfstimme" auch die vorderen Resonanzräume des Kopfes nutzen, was zur Ausdehnung des Volumens und der Klangfülle beiträgt.
[131] Z. B. Michael Chance, David Daniels, Axel Köhler, Gérard Lesne, Andreas Scholl.

3. Sängerkastraten am Dresdner Hof

Eines der wichtigsten Betätigungsfelder[132] der italienischen Kastratensänger im deutschsprachigen Raum war der Hof zu Dresden,[133] der mit einer über Jahrhunderte gepflegten kulturellen Vielfalt das Leben in der sächsischen Residenzstadt maßgeblich bestimmte.[134] In einem Brief aus dem Jahr 1613 des Kurfürstlichen Geheimen Rats Christoph vom Loß an den Kurfürsten Johann Georg I. sind die ersten Bemühungen um die Einstellung eines Kastraten an den Dresdner Hof wie folgt dokumentiert:

„Und dieweil ich über diese zween (einen Organisten und Altisten) noch einen guten Cappon, welcher einen guten Falset singen soll, gegen 200 Gl. oder Thlr. jährlichen Gehalts zu erlangen verhoffe u.s.w."[135]

Im Jahr 1647 wurde der erste Kastrat, Giovanni Andrea Bontempi, als *Componist und Discantist* an den Dresdner Hof engagiert.[136] In

---

[132] Neben Dresden erwähnt Haböck (Gesangskunst S. 442 ff.) auch Wolfenbüttel, München, Mannheim, Kassel, Berlin, Stuttgart und Wien.
[133] Hans John: Die Kastraten und ihre Gesangskunst in Dresden. In: Schriftenreihe der HfM C. M. von Weber. Dresden, 1985; S. 201; Abgekürzt als: John: Gesangskunst.
[134] Adrian: Ceccarelli. S. 66.
[135] Fürstenau: Geschichte der Musik. Band I, Fußnote S. 3 [Cappon = Kastrat].
[136] Fürstenau: Geschichte der Musik. I, S. 29, 42; Heinrich Schütz über Bontempi: *„[...] als einem 3 mahl jüngeren als ich und hierüber castrierten Menschen, [...]"*. Vgl. auch: Robert Prölss: Geschichte des Hoftheaters zu Dresden, Dresden, 1878; S. 87; abgekürzt als: Prölss: Hoftheater. Vgl. auch Haböck: Gesangskunst. S. 440.

3. Sängerkastraten am Dresdner Hof

Aufführung einer Oper von Antonio Lotti im September 1719, Stich von 1719.

den darauffolgenden zwei Jahrhunderten fanden an die 80 Kastratensänger ihre Anstellung am elbsächsischen Hof,[137] wo ihnen neben einer umfangreichen Anerkennung und Ehrerbietung höchste Gehälter und Gratifikationen zuteilwurden. Die während dieser Zeit tätigen Kapellmeister und Komponisten stellten ihre Werke

---

[137] Eine tabellarische Auflistung (Tabelle I) der in Dresden wirkenden Kastratensänger findet man zur Gesamtübersicht des 3. Kapitels, S. 109-112.

ganz den hohen Stimmen der Sänger zur Verfügung.[138] Während in Italien schon die ersten kritischen Stimmen dem Kastratenwesen gegenüber aufkamen[139] und Sängerinnen zur Ausführung der hohen und weiblichen Partien engagiert wurden, feierten die Kastraten an der Oper und in der Kirchenmusik des Dresdner Hofes noch ihre Blütezeit. Die Alleinherrschaft der italienischen Sopransänger verging nur allmählich und fand mit dem Abgang des Kirchensängers Mosé Tarquini, der im Jahr 1844 als letzter Sängerkastrat seinen Dienst in Dresden beendete, einen endgültigen Abschluss.[140]

3.1. Die Ära Schütz

Heinrich Schütz, der seit 1617 das Amt des *Organist und Director der Musica*[141] in Dresden innehatte, befürwortete nach dem Ende des Schwedischen Krieges im Jahr 1639 die Einführung der neuen italienischen Musik am Dresdner Hof.[142] Bis dahin bestand die kurfürstliche Kapelle, die hauptsächlich zur Ausführung des Kirchendienstes bestimmt war, aus den Instrumentalisten, erwachsenen

---

[138] Beispielhaft seien genannt: Antonio Lotti *Giove in Argo*, *Ascanio*, *Teofane* (Senesino, Berselli, Boschi); Giovanni Alberto Ristori: *Un pazzo ne fa cento* (Ruota, Pozzi), *Le Fate* (Annibali, Bindi); Johann Adolf Hasse: *Lucio Papirio* (Titelrolle eigens für Annibali), *Solimano* (Belli), *Olimpiade* (Belli), *Leucippo* (Carestini); Carl Maria von Weber: *Messe in Es+* (Sassaroli).

[139] Vgl. Kapitel 2.8.: Der Niedergang des Kastratenwesens.

[140] Staatsarchiv Dresden. Min. für Volksbildung Nr. 14435, Bl. 69-75.

[141] Werner Breig: *Heinrich Schütz*. Sp. 361. In: Die Musik in Geschichte und Gegenwart. Allgemeine Enzyklopädie der Musik. Personenteil 15. Stuttgart 2006. Den Titel *Hofkapellmeister* führte Schütz bis 1619 mit der Einschränkung *derozeit*, da Praetorius noch Kapellmeister von Hause aus war.

[142] Prölss: Hoftheater. S. 33.

3.1. Die Ära Schütz

Sängern und den Kapellknaben. Die männlichen Sänger, die in den Besoldungslisten alle als Deutschstämmige geführt werden,[143] bedienten das Alt-Stimmfach mit Hilfe des Falsettregisters,[144] während die Kapellknaben den Sopran-Part übernahmen. Fürstenau bestätigt diese Aussage:

„Castraten kannte man vor dem 17. Jahrhundert kaum in Italien, in Deutschland noch später; bis dahin wurden die Sopran- und Altparthien durch Knaben oder Falsettisten ausgeführt."[145]

Im Jahr 1641 betraute Kurprinz Johann Georg II., der als eigentlicher Förderer aller künstlerischen Intentionen am Hof galt, den Hofkapellmeister Schütz mit der Errichtung einer kurprinzlichen Kapelle.[146] Also regte der Hofkapellmeister in einem Schreiben an den Kurfürsten Johann Georg I. die *Berufung* italienischer Sänger an, deren Anstellung zunächst wahrscheinlich deshalb abgelehnt wurde, weil man den Einsatz katholischer Sänger im protestantischen Gottesdienst nicht für vertretbar hielt und mit dem Engagement dieser Sänger der Etat für die Kapelle in größerem Maße belastet werden würde:

---

[143] Moritz Fürstenau: Beiträge zur Geschichte der königlich-sächsischen musikalischen Kapelle. Meser, Dresden 1849; S. 47; aufgeführt werden hier: S. Hirnschrötel, T. Leislein, V. Arnold, W. Voigt.
[144] Aufgrund der Ausführung des Stimmfachs bezeichnete man sie als *Männeraltisten*.
[145] Fürstenau: Beiträge. S. 2.
[146] Prölss: Hoftheater. S. 86.

3.1. Die Ära Schütz

„Mit den Vocalisten oder Sängern würde es etwas kostbarer und theurer hergehen, weil man selbige außer Landes vielleicht ganz bei den Italienern würde suchen müssen (im Fall nämlich die Churfürstl. Hoheit würdiglich bedienet werden sollte)."[147]

Anders verhielt sich der Sohn des Kurfürsten, der im Jahr 1647 den Kastraten Giovanni Andrea Bontempi als Diskantisten und Komponisten der Kurprinzlichen Kapelle anstellte.[148]

„Wir sehen in diesem Verzeichnis [Verzeichnis der Kurprinzlichen Kapelle] sich die alte und neue Zeit begegnen: einer der letzten Falsetisten [Heinrich Stroh] am Sächsischen Hofe und der erste Castrat [Giovanni Andrea Angelini Bontempi]."[149]

Bontempi war zeitgenössischen Berichten[150] zufolge zweifelsfrei ein Kastrat und damit der erste „solcher Individuen"[151] am Dresdner Hof. Die Berufung weiterer Kastratensänger in die Kurprinzliche Kapelle wird mit zwei Reisen in Zusammenhang gebracht, die der seit 1648 als Männeraltist angestellte Christoph Bernhard im Jahr

---

[147] Fürstenau: Geschichte der Musik. I, S. 28.
[148] Fürstenau: Beiträge. S. 69 & 71: „Unter den Mitgliedern der Churprinzlichen Kapelle ist namentlich Bontempi, der spätere Kapellmeister, zu erwähnen. Er war [...] zuerst Sopranist in der Päpstlichen Kapelle. Obgleich Castrat, zwang ihn später doch ein merkliches Abnehmen seiner Stimme seine Stelle als Sänger aufzugeben und sich mehr der Theorie als der Praxis seiner Kunst zu widmen; [...]".
[149] Fürstenau: Geschichte der Musik. I, S. 29.
[150] Auch Heinrich Schütz bezeichnet Bontempi in einem Brief „als einen [...] castrierten Menschen" und „Italiänischer Eunuchs", in: Fürstenau: Geschichte I, S. 36 f.; 42.
[151] Staatsarchiv Dresden. Loc. 15149 Vol. VI, Bl. 302.

3.1. Die Ära Schütz

1651 nach Italien unternahm. Bei seiner Rückkehr hatte er italienische Sänger für die Kurprinzliche Kapelle angeworben, unter denen sich Kastraten befunden haben sollen.[152] Einer der Sänger war der Altist und spätere Kapellmeister Marco Giuseffo Perandi.[153] Ob die zu dieser Zeit in der Kapelle tätigen Kastratenbrüder Domenico[154], Nicola[155] und Vincenzo Melani[156], als auch die Sopranisten Anthonio Piermarini[157], Anthonio Protogagi[158], Giuseppe Maria Donati[159], Angelo Maria Marchesini[160] und der Altist Sefarino Jacobuti[161] einer Einladung Bernhards nach Dresden gefolgt sind oder durch persönliches Ansuchen an den Dresdner Hof verpflichtet

---

[152] Fürstenau: Beiträge. S. 73: *„Durch seinen Fleiß und seine Geschicklichkeit [...] erwarb er* [Bernhard] *sich bald die Gnade des Churfürsten in so hohem Grade, daß derselbe ihn auf ein Jahr nach Italien reisen ließ, um daselbst mehrere Sänger für die Kapelle zu engagieren.*"; vgl. auch: Fürstenau: Zur Geschichte der Musik. S. 40.

[153] Fürstenau: Beiträge. S. 73.

[154] Staatsarchiv Dresden. Loc. 8687/06, Bl. 8: Der Sopranist Domenico Melani erhält ab dem 1.11.1653 eine Besoldung.

[155] Staatsarchiv Dresden. Loc. 32751 Rep. LII Nr. 849 Lage 10, Bl. 145b. Der Altist Nicolai Melani wird mit einer jährlichen Besoldung von 480 Thalern bis zum Jahr 1654 als Mitglied der Kapelle geführt.

[156] Michael Hochmuth: Chronik der Dresdner Oper. Band 2: Die Solisten. Dresden 2004; S. 223; abgekürzt als: Hochmuth: Chronik.

[157] Staatsarchiv Dresden. Loc. 32751 Rep. LII Nr. 849 Lage 10, Bl. 145b. Der Sopranist Anthonio Piermarini wird mit einer jährlichen Besoldung von 600 Thalern bis zum Jahr 1654 als Mitglied der Kapelle geführt.

[158] Ebd. Der Sopranist Anthonio Protogagi wird mit einer jährlichen Besoldung von 744 Thalern bis zum Jahr 1656 als Mitglied der Kapelle geführt.

[159] Ebd. Der Sopranist Giuseppe Maria Donati wird mit einer jährlichen Besoldung von 744 Thalern bis zum Jahr 1654 als Mitglied der Kapelle geführt.

[160] Ebd. Der Sopranist Angelo Maria Marchesini wird mit einer jährlichen Besoldung von 744 Thalern bis zum Jahr 1667 als Mitglied der Kapelle geführt.

[161] Ebd. Der Altist Sefarino Jacobuti wird mit einer jährlichen Besoldung von 744 Thalern bis zum Jahr 1660 als Mitglied der Kapelle geführt.

3.1. Die Ära Schütz

wurden, bleibt unklar. Als im Oktober 1656 Kurfürst Johann Georg I. starb, übernahm sein Sohn dessen Position.[162] Johann Georg II., Liebhaber der italienischen Musik, führte nun die Vereinigung der kurfürstlichen Kapelle mit der kurprinzlichen Kapelle, die hauptsächlich aus italienischen Musikern bestand, herbei. Schütz wurde trotz seines Ansuchens um Pensionierung die Stelle des Oberkapellmeisters übertragen.[163] Der bis dahin als Altist geführte Italiener Giovanni Andrea Bontempi erhielt in Gemeinschaft mit dem Komponisten Vincenzo Albrici die Kapellmeisterstelle, Christoph Bernhard wurde zum Vizekapellmeister ernannt.[164] Die Ausführung der Kirchenmusik wurde den deutschen Musikern, die Pflege des Musiktheaters den italienischen Musikern anheimgestellt. Als am 3. November 1662 Bontempis Oper *Il Paride*[165] anlässlich der Hochzeit der sächsischen Prinzessin Erdmuthe Sophia mit dem Markgrafen Ernst Christian von Brandenburg-Bayreuth uraufgeführt wurde, begründete sie als erste auf deutschem Boden aufgeführte

---

[162] Fürstenau: Geschichte der Musik. I, S. 135.

[163] Trotz dieses Postens gewährt der neue Kurfürst Johann Georg II. dem alternden Heinrich Schütz einen weitgehenden Rückzug und die Aufteilung seiner Pflichten. So wird Schütz noch zur Redaktion eines Choralbuchs (Beckerschen Psalter) und zur Komposition liturgischer Werke, wie Passions- und Weihnachtsmusiken, verpflichtet. Die Gestaltung der Festmusik und des Musiktheaters obliegt den italienischen Kapellmitgliedern. In: Michael Heinemann: *Giovanni Andrea Bontempis* Dafne. Musiktheater am Dresdner Hof in der zweiten Hälfte des 17. Jahrhunderts. S. 135. In: Elbflorenz. Italienische Präsenz in Dresden vom 16.-19. Jahrhundert. Hrsg. von Barbara Marx. Dresden 2000; abgekürzt als: Heinemann: Bontempi.

[164] Prölss: Hoftheater. S. 90.

[165] *Il Paride*, Oper von G.A. Bontempi, Libretto nach Homer; am 3.11.1662 im Riesensaal des Schlosses uraufgeführt. Vgl.: Fürstenau: Geschichte der Musik. I, S. 206.

3.1. Die Ära Schütz

italienische Oper den Beginn der italienischen Hofoper mit professionellem Personal.[166] Eine Auflistung der im Jahr 1663 in der Kapelle beschäftigten Personen gibt als Sopranisten den schon erwähnten Domenico Melani, des Weiteren den seit 1662 am Dresdner Hof tätigen Bartolomeo de Sorlisi, die seit 1663 hier wirkenden Sopranisten Antonio de Blasi und Francesco Perotti und den Altisten Francesco Santi an.[167] Von diesen benannten Sängern wirkten Melani und Sorlisi bei der Uraufführung der Bontempi-Oper mit.[168] Als Vincenzo Albrici 1663 seine Stellung als Kapellmeister aufgab, übernahm der bis dahin als Altist tätige Giuseffo Perandi diese Position.[169] Die von Johann Georg II. veranstalteten musikalischen und theatralischen Festlichkeiten nahmen in der Folge der Jahre regelmäßig zu und ließen den Dresdner Hof zu einem überregionalen Anziehungspunkt werden. So wurde 1664 auf Anregung der Italiener mit der Grundsteinlegung zum Bau eines Komödienhauses begonnen;[170] weitere Sänger wurden aus Italien engagiert. Das Verzeichnis der Kapellmitglieder aus dem Jahr 1666 gibt nicht nur über die Anstellungsverhältnisse, sondern auch über die Besoldung der Bediensteten Auskunft. Dabei ist festzustellen, dass die Gehälter

---

[166] Ortrun Landmann: Italienische Opernpraxis in Dresden. Como 1995; S. 24; abgekürzt als: Landmann: Italienische Opernpraxis.
[167] Fürstenau: Geschichte der Musik. I, S. 136.
[168] Hochmuth: Chronik. S. 19.
[169] Fürstenau: Geschichte der Musik. I, S. 143. Ebenso Prölss: Hoftheater. S. 96. Perandi starb im Jahr 1675.
[170] Ebd. S. 220-222: Oberlandbaumeister von Klengel übernahm die Bauaufsicht.

der italienischen Sänger, insbesondere die der Sopranisten und Altisten, deutlich die Einkünfte der Instrumentalisten überstiegen und auch die italienischen Kapellmeister Bontempi und Perandi ein weitaus höheres Einkommen als der Oberkapellmeister Schütz bezogen.[171] Auf Antrag des Bassisten Constantin Christian Dedekind wurden die der Hofkapelle zur Verfügung stehenden Sänger in zwei Chöre geteilt, was zur Einigkeit zwischen deutschen und italienischen Kapellisten beitragen und gleichermaßen die Ausführung des Kirchendienstes sicher stellen sollte.[172] Der erste aus italienischen Sängern bestehende Chor wurde dem Kapellmeister Perandi, der zweite aus deutschen Sängern bestehende Chor dem Vizekapellmeister Bernhard unterstellt.[173] Als neue Sopranisten finden sich Gabriel Angelo de Battistini und Antonio de Moran, als Altisten wurden im Jahr 1666 Antonio Ruggieri, sowie die Choristen Paolo Seppi und Antonio Fidi angestellt. Der Sopranist Antonio de Monna, der laut Hochmuth seit 1663 Mitglied des „italienischen Chores" war und auch bei Fürstenau in dem Beschäftigungszeitraum von Ruggieri, Fidi und Seppi mit benannt wird, findet sich nicht in dem Verzeichnis der Kapellmitglieder von 1666. Gleiches trifft auf den Sopranisten Giovanni Anthonio Pivido zu, der in dem Gedenkschrift-Verzeichnis der italienischen Musiker als bis 1672

---

[171] Fürstenau: Geschichte der Musik. I, S. 91; ebenso Fürstenau: Beiträge. S. 92, 93.
[172] Prölss: Hoftheater. S. 97: Wenn sich der Kurfürst mit einem Teil der Kapelle auf Reisen befand, wurde durch den anderen Teil die Ausführung des Kirchendienstes garantiert.
[173] Aufteilung siehe auch Staatsarchiv Dresden. Loc. 32751 Rep. LII Nr. 849 Lage 10, Bl. 145.

3.1. Die Ära Schütz

tätiges Kapellmitglied benannt wurde.[174] Die italienischen Musiker waren durch Johann Georg II. so in die theatralischen und musikalischen Begebenheiten eingebunden, dass sie sich auf diesem Gebiet bald ihrer unumstrittenen Dominanz erfreuen konnten:[175] *„Unter den Sängern und Instrumentisten der Kapelle standen die Italiener oben an."*[176] Die Eröffnung[177] des am 27. Januar 1667 eingeweihten Opernhauses festigte die Bedeutung der theatralischen Vorstellungen am kursächsischen Hof.[178] Als im Jahr 1667 Papst Clemens IX. das Auftreten von Frauen auf der Bühne ausdrücklich verbot, standen auch in Dresden den Sängerkastraten die Wege zur Alleinherrschaft offen. Zudem betraute der Regent einige der italienischen Sänger mit Ämtern, deren Ausführung als große Auszeichnung galt. So wurden Domenico Melani und Bartolomeo de Sorlisi 1666 zu *Geheimen Kämmerieren*[179] ernannt, im Jahr 1671 stieg Sorlisi sogar in die Position eines Kammerjunkers auf, später wurde er Amtshauptmann zu Dippoldiswalde. Nach Sorlisis Tod im Jahr 1672 übernahm Melani dessen Posten. Beide Italiener erfreuten sich der

---

[174] Staatsarchiv Dresden. Loc. 32751 Rep. LII Nr. 849 Lage 10, Bl. 145b: Der Sopranist *Giovan Anthonio Pivido* wird mit einer jährlichen Besoldung von 1.000 Thalern bis zum Jahr 1672 als Kapellmitglied benannt.
[175] Fürstenau: Geschichte der Musik. I, S. 4.
[176] Ebd. I, S. 157.
[177] Eröffnung des Opernhauses am 27. Januar 1667 mit der Oper *Il Teseo* von P. A. Ziani (Libretto von G. A. Moneglia).
[178] Prölss: Hoftheater. S. 99.
[179] Fürstenau: Geschichte der Musik. I, S. 11.

Gunst des Kurfürsten, die dieser mit finanziellen, präsentablen und ideellen Auszeichnungen darzubringen wusste.[180]

Heinrich Schütz starb am 6. November 1672 im Alter von 87 Jahren. Mit seinem Tod übernahmen die Italiener nunmehr offiziell die führende Position in der Dresdner Hofkapelle.

3.2. Schwankende Dominanz der Italiener am Dresdner Hof

Nachdem Heinrich Schütz am 17. November 1672 in der Frauenkirche zu Dresden beigesetzt worden war,[181] übernahm Carlo Pallavicino die Stelle des Kapellmeisters; Giuseppe Novelli wurde zum Vizekapellmeister ernannt. Da Pallavicino die Stelle des Kapellmeisters nur bis 1673 wahrnahm, erfolgte 1676 eine Wiederanstellung Vincenzo Albricis in dieser Position. Auch Christoph Bernhard wurde erneut als Vizekapellmeister berufen.[182] In den Jahren bis 1680 fanden zahlreiche musikalische und theatralische Ereignisse im Klengelschen Opernhaus und weiterhin im Riesensaal des Schlosses statt.[183] Das Verzeichnis der Kapellmitglieder aus dem Jahr 1680 führt die bereits aus dem Jahr 1666 bekannten Sängerkastraten de Melani, Sorlisi, Battistini, Ruggieri, Fidi und Seppi auf.[184] Im Zeitraum zwischen 1666 und 1680 erfolgte keine weitere Anstellung eines Kastratensängers. Wiederum fällt bei der Betrachtung der Gehälter auf, dass ein Sänger des ersten, italienischen

---

[180] Fürstenau: Geschichte der Musik. I, S. 172-174.
[181] Ebd. S. 237.
[182] Ebd. S. 245.
[183] Prölss: Hoftheater. S. 101 f.
[184] Staatsarchiv Dresden. Loc. 8687/06 Bl. 31a+b; Loc. 910/01 Bl. 3.

3.2. Schwankende Dominanz der Italiener am Dresdner Hof

Chors ungefähr siebenmal soviel verdiente, wie ein Sänger der gleichen Stimmgruppe aus dem zweiten, dem deutschen Chor. Beispielhaft sei hier der Altist Antonio Fidi mit einer jährlichen Besoldung von 700 Thalern dem mit 100 Thalern besoldeten Männeraltisten Gottfried Siegmund Engert gegenübergestellt.[185] *„Die höchsten Gehalte [...] bezogen die Italiener, die geringeren die Deutschen."*[186] Ob die im zweiten Chor beschäftigten Altisten Johann Müller und Gottfried Siegmund Engert zur Ausführung der ihnen zugeordneten Stimmlage das Falsettregister benutzten, konnte nicht geklärt werden. Beide Männer werden in den Akten des Dresdner Staatsarchivs als *Altisten*[187] bezeichnet. Aufgrund ihrer deutschen Abstammung und der niedrigen Besoldung folge ich der Meinung Robert Eitners, dass es sich bei diesen beiden Sängern um Männer-Altisten (Falsettisten) gehandelt haben muss.[188] Die Dominanz der Italiener am Dresdner Hof wurde vorerst durch den Regierungswechsel beendet: Nach dem Tod[189] von Johann Georg II. trat dessen Sohn, der neue Kurfürst Johann Georg III. seine Regentschaft an.[190] Sogleich führten die Bestrebungen des neuen Herrschers zu einer Beschränkung der Hofhaltung, so „ [...] *daß er bald*

---

[185] Staatsarchiv Dresden. Loc. 8687/06 Bl. 31b.
[186] Fürstenau: Geschichte der Musik. I, S. 172.
[187] Staatsarchiv Dresden, Loc. 8687/06 Bl. 31b.
[188] Robert Eitner: Biographisch-Bibliographisches Quellen-Lexikon. Graz 1959; abgekürzt als: Eitner: Quellen-Lexikon.
[189] Johann Georg II. † am 22. August 1680.
[190] Prölss: Hoftheater. S. 102.

3.2. Schwankende Dominanz der Italiener am Dresdner Hof

nach seinem Regierungsantritte die Ausländer, Castraten, [...] abgeschafft habe."[191] Die Entlassung sämtlicher italienischer Musiker wurde am 24. August 1681 veranlasst. Es folgte eine Herabsetzung des Kapell-Etats auf 8000 Thaler; eine „völlig deutsche Capell-Music" wurde gegründet, deren Ausführung auf den Kirchendienst beschränkt war.[192] So beendeten die Kastraten Bontempi, Domenico Melani, de Battistini, Fidi, de Moran, de Monna, Ruggieri und Seppi ihren Dienst in Dresden. Wann die Brüder Nicola und Vincenzo Melani den Hof verlassen haben, bleibt unklar. Ebenfalls konnte bisher nicht eruiert werden, aus welchem Grund Perotti und Santi im Jahr 1670, Pivido 1672 und de Blasi 1678 ihre Stellungen am Hof aufgegeben haben.[193]

Als der Kurfürst 1684 nach Venedig reiste, erlebte er den Zauber der italienischen Oper. Nach Fürstenau war es die Opernsängerin Margherita Salicola, die mit ihrem Gesang und Spiel den Wunsch des Kurfürsten nach einer Wiedereinrichtung der italienischen Oper am Dresdner Hof entfachte.[194] Der zu dieser Zeit ebenfalls in Venedig befindliche Carlo Pallavicino sollte die Organisation für die kurfürstlichen Vorhaben übernehmen. So wurde im Jahr 1685 mit Margherita Salicola eine italienische Sängerin nach Dresden engagiert, die im Jahr 1686 als erste Frau nach Inkrafttreten des Auftrittsverbotes für weibliche Darstellerinnen wieder die Bühne

---

[191] Fürstenau: Beiträge. S. 97.
[192] Prölss: Hoftheater. S. 102.
[193] Staatsarchiv Dresden. Loc. 32751 Rep. LII Nr. 849 Lage 10: Gedenkschrift-Verzeichnis der italienischen und teutschen Musiker unter Johann Georg II.
[194] Fürstenau: Geschichte der Musik. I, S. 277.

3.2. Schwankende Dominanz der Italiener am Dresdner Hof

in Dresden betrat. Es erfolgte eine Ernennung Carlo Pallavicinos zum Kapellmeister und Leiter der Italienischen Oper in Dresden.[195] Auch dem Sopranisten Domenico Cechi wurde eine Anstellung mit 1300 Thalern jährlicher Besoldung offeriert.[196] Nach Eitner weigerte sich der Sänger jedoch, diese Stellung anzutreten.[197] Heriot erwähnt in seiner Kurzbiographie des Kastraten keinen Aufenthalt desselben am Dresdner Hof;[198] im Staatsarchiv gibt es keine Verweise auf diesen Sopranisten. Auch John schreibt, dass in den Jahren zwischen 1681 und 1687 keine Kastratensänger am Dresdner Hof engagiert waren.[199] Daraus lässt sich schließen, dass es wohl Bemühungen um die Anstellung des Sängerkastraten Cechi gegeben hat, der allerdings den Dresdner Konditionen wohl die eines anderen Hofes vorzog.

Mit der Wiederbelebung der italienischen Oper in Dresden[200] erfolgte ab 1687 die erneute Anstellung von Opernpersonal. Neben der Einstellung einer technischen Belegschaft kam es auch zum Engagement von Sängern, die von Pallavicino in Venedig angeworben wurden. Unter diesen befanden sich die Sopranisten Sergio della

---

[195] Fürstenau: Geschichte der Musik. I, S. 291: C. Pallavicino verließ Dresden im Jahr 1680 und wurde am 01.01.1687 mit 1200 Thaler jährlichem Gehalt wieder angestellt.
[196] Ebd. I, S. 285; ebenso: Hochmuth: Chronik. S. 24.
[197] Eitner: Quellen-Lexikon. II, S. 386.
[198] Heriot: Castrati. S. 113.
[199] John: Gesangskunst. S. 202.
[200] Die erste Vorstellung der italienischen Oper in Dresden nach 1680 fand während des Karnevals 1686 statt. Gespielt wurde die Oper *Alarico* unter der Mitwirkung der frisch engagierten Sängerin Margaritha Salicola.

3.2. Schwankende Dominanz der Italiener am Dresdner Hof

Donna[201] und Giuseppe Rossi[202], als Altisten wurden Antonio Giustachini[203] und Carlo Luigi Pietro Grua[204] eingestellt. Die Verpflichtung dieser Kastratensänger erfolgte am 01.01.1687 mit einem jährlichen Gehalt von 600 Thalern. Unter der Mitwirkung dieser Sänger wurden in den Folgejahren verschiedene Vorstellungen italienischer Opern aufgeführt.[205] Im Jahr 1688 kam Nikolaus Adam Strungk an den Dresdner Hof, wo er am 26. Januar als Vizekapellmeister und Kammerorganist neben Pallavicino und Bernhard mit 500 Thalern jährlichem Gehalt angestellt wurde. Der neue Vizekapellmeister erhielt also jährlich 100 Thaler weniger als die kurz zuvor engagierten italienischen Sänger. Nach anfänglichen Unstimmigkeiten zwischen dem deutschen Vizekapellmeister Strungk und den italienischen Ensemblemitgliedern erklärten die letzteren in einem Schreiben an Kurfürst Johann Georg III., sich allen Anordnungen Strungks fügen zu wollen.[206] Der Kurfürst starb im Jahr 1691. Im Verzeichnis der Kapellmitglieder aus diesem Jahr finden

---

[201] Staatsarchiv Dresden. Loc. 32691 LII Gen. 696, Nr. 131, Bl. 234f. *Sergium della Donna bey Unser Capell-Music zu einem Sopranisten angenommen*/600 Thaler jährlich.

[202] Fürstenau: Geschichte der Musik. I, S. 299: Anstellung des Sopranisten mit 600 Thalern Gehalt.

[203] Ebd.: I, S. 291: Anstellung des Altisten am 1. Januar 1687 mit 600 Thalern Jahresgehalt.

[204] Staatsarchiv Dresden. 10006 Oberhofmarschallamt KIII Nr. 8, Bl. 164: Annahme des Altisten Grua.

[205] Prölss: Hoftheater. S. 105. Am 2. Februar 1687 wird die Pallavicino-Oper *La Gerusalemme liberata*, Librettist G.C. Corradi, im Klengelschen Opernhaus unter der Mitwirkung der Italiener della Donna und Giustachini aufgeführt. Vgl. auch: Hochmuth: Chronik. S. 24: Am 14. Februar.1689 wird unter der Mitwirkung von G. Rossi die Pallavicino-Oper *L'Antiope* zur Aufführung gebracht.

[206] Fürstenau: Geschichte der Musik. I, S. 301.

3.2. Schwankende Dominanz der Italiener am Dresdner Hof

sich die benannten Sängerkastraten della Donna, Giustachini, Grua und Rossi.[207] Der Kapelletat hatte zu dieser Zeit eine Summe von 18700 Thalern erreicht.[208]

Die Regierungszeit des neuen Kurfürsten Johann Georg IV. war nur von kurzer Dauer, da er bereits drei Jahre nach Antritt seiner Regentschaft im Jahr 1694 verstarb.[209] Der bisherige Vizekapellmeister Pallavicino erhielt 1692 nach dem Tod Christoph Bernhards die Kapellmeisterstelle.[210] Der Altist Grua wurde an Stelle Pallavicinos zum Vizekapellmeister ernannt.[211]

Im Jahr 1694 übernahm der Bruder des verstorbenen Johann Georg IV. die Herrschaft des Hauses Wettin: Kurfürst Friedrich August I. war ebenfalls ein kunstliebender Regent, der allerdings das französische Schauspiel und Ballett favorisierte.[212] Da im 17. und 18. Jahrhundert die musikalischen Hofangelegenheiten einzig vom Geschmack des Herrschers abhingen,[213] brachte die Vorliebe des neuen Kurfürsten Konsequenzen für das italienische Personal mit sich: Am 05. September wurden die bis dahin am elbsächsischen

---

[207] Fürstenau: Geschichte der Musik. I, S. 309.
[208] Prölss: Hoftheater. S. 107.
[209] Fürstenau: Geschichte der Musik. I, S. 320.
[210] Ebd. S. 301.
[211] Staatsarchiv Dresden. 10006 Oberhofmarschallamt KIII Nr. 8, Bl. 81ff.: Ernennung Gruas zum Vizekapellmeister mit einer jährlichen Besoldung von 1000 Thalern.
[212] Panja Mücke: Johann Adolf Hasses Dresdner Oper im Kontext der Hofkultur. Laaber-Verlag, Laaber 2003; S. 26; abgekürzt als: Mücke: Hasse.
[213] Katrin Bauer: Böhmische Musiker am Hofe zu Dresden im 18. Jahrhundert. Diplomarbeit 1981; S. 14; abgekürzt als: Bauer: Böhmische Musiker.

Hof angestellten italienischen Musiker entlassen. Unter ihnen befanden sich offensichtlich die Kastraten Grua, della Donna, Giustachini und Rossi, da diese Sänger nur bis zum Jahr 1694 in den Besoldungslisten aufgeführt wurden.[214] Eine Änderung dieser Verhältnisse rief erst der im Jahr 1697 stattfindende Religionswechsel des Kurfürsten herbei. Mit dem Übertritt zum Katholizismus bedurfte es einer Teilung der Kapelle, um sowohl die Ausführung der protestantischen, als auch die der katholische Hofkirchenmusik gewährleisten zu können. Unter Hinzuziehung früherer und neu verpflichteter Musiker erfolgte die Neuorganisation des Dresdner Musikwesens in Form einer Dreiteilung in die 1) Katholische Hofkirchenmusik, die 2) Protestantische Hofkirchenmusik und die 3) Königlich-Polnische und Kurfürstlich-Sächsische Kapelle. Als Sänger wurden unter anderen die Kastraten Pietro Benedetti, Francesco Michaeli, Filippo Scandalibeni und Angelo Maria Stella engagiert.[215] Kapellmeister war nun der nach Strungks Tod verpflichtete Johann Christian Schmidt. Der Kapelletat lag bei 12000 Thalern.[216] Der sächsische Kurfürst Friedrich August I. wurde am 15. September 1697 zum König von Polen[217] gekrönt.

---

[214] Staatsarchiv Dresden. Loc. 12049 Bl. 16b & Bl. 54b.
[215] Staatsarchiv Dresden. Loc. 32623 Bl. 4b: Besoldung des Altisten Pietro Benedetti, des Sopranisten Francesco Michaeli, des Altisten Filippo Scandalibeni und des Sopranisten Michael Angelo Stella seit dem 01.10.1697. Vgl. auch Fürstenau: Geschichte der Musik. II, S. 19.
[216] Prölss: Hoftheater. S. 114 f.
[217] König August II. von Polen.

3.2. Schwankende Dominanz der Italiener am Dresdner Hof

Zur Jahrhundertwende kam es zum Ausbruch des Nordischen Krieges.[218] Während des Altranstädter Friedens 1706 musste August die polnische Königskrone niederlegen;[219] der finanzielle Ruin brach über Sachsen herein. In Folge dessen entließ Friedrich August I. seine Schauspieler und Kapellmitglieder, um sie kurz nach der Auflösung des Engagements wieder einzustellen. Besoldungsrückstände häuften sich an, die in den Akten des Staatsarchivs vermerkt wurden.[220] Die Kapelle blieb jedoch ohne Sänger.[221] Da das von Johann Georg II. seit 1664 erbaute und 1667 eröffnete Opernhaus in Folge der Entlassung sämtlicher Sänger nicht mehr genutzt wurde, jedoch räumlicher Bedarf für die Ausführung des katholischen Gottesdienstes bestand, wurde das Opernhaus am Taschenbergpalais zu einer katholischen Kapelle umgebaut. Hier dürften bis zur Wiedereinstellung von Sängern die Kapellknaben für den Großteil der Kirchenmusik aufgekommen sein. August der Starke hatte im Jahr 1708 die Errichtung eines Kapellknaben-Instituts angeordnet, wo-

---

[218] Im Nordischen Krieg 1700-1721 um die Vorherrschaft im baltischen Raum brachte der schwedische König Karl XII. König August II. verheerende Niederlagen bei.

[219] Wolfgang Horn: Die Dresdner Hofkirchenmusik 1720-1745. Studien zu ihren Voraussetzungen und ihrem Repertoire. Stuttgart 1987, S. 18; abgekürzt als: Horn: Hofkirchenmusik.

[220] Staatsarchiv Dresden. Loc. 32623; Bl. 96b: Der Hof vermerkt eine rückständige Besoldung des Sopranisten Stella bis zum Ende seiner Anstellung zu Ostern 1707.; Ebd. Bl. 58b: Der Hof vermerkt eine rückständige Besoldung des Altisten Scandalibeni bis zum Ende seiner Anstellung zu Ostern 1707. Ebd. Bl. 54b: Die Forderung der Kapellmitgliedes Pietro Benedetti und F. Michaeli nach rückständigem Gehalt bis Ende des Jahres 1705.

[221] Fürstenau: Geschichte der Musik. II, S. 33.

3.2. Schwankende Dominanz der Italiener am Dresdner Hof

bei die hier angestellten Musiker und Knaben in keiner auffindbaren Rechnung benannt werden.[222] Nachdem im Juli 1709 russische Truppen das schwedische Heer vernichtend schlugen und damit Augusts Gegner, der schwedische König Karl XII., fundamental geschwächt war, erklärte Papst Clemens XI. den Altranstädter Frieden für hinfällig, so dass August die polnische Königskrone im April 1710 zurückerlangte.[223] Im Kapellverzeichnis des Jahres 1709 wurden noch immer keine fest angestellten Sänger aufgeführt. Fürstenau vermerkt lediglich zwischen 1708 und 1709 Gastspiele französischer und italienischer Sänger, Schauspieler und Tänzer anlässlich der Festlichkeiten während des Besuchs des dänischen Königs am Dresdner Hof.[224] Im Jahr 1711 brach der Sohn des Kurfürsten zu einer achtjährigen Kavalierstour auf, während derer der zukünftige Regent mit dem Wirkungskreis des europäischen Hoflebens vertraut gemacht werden sollte. Die Reise, die gegen den Willen des Kurprinzen und seiner Mutter erfolgte, war von Kurfürst Friedrich August I. für seinen Sohn auch aus dem Grund vorgesehen worden, um ihm *im dynastischen Kalkül der katholischen Hocharistokratie Europas einen bedeutenden Part* zusichern zu können, damit dieser *nicht auf das Niveau eines protestantischen deutschen Territorialfürsten* zurücksinken konnte.[225] Die Kavalierstour hatte aber nicht

---

[222] Horn: Hofkirchenmusik. S. 37 f.
[223] Ebd. S. 21.
[224] Fürstenau: Geschichte der Musik. II, S. 49; Vgl. auch: Michael Walter: Italienische Musik als Repräsentationskunst der Dresdner Fürstenhochzeit von 1719. S. 177, in: B. Marx: Elbflorenz; abgekürzt als: Walter: Fürstenhochzeit.
[225] Horn: Hofkirchenmusik. S. 23.

3.2. Schwankende Dominanz der Italiener am Dresdner Hof

nur politische Ziele, sondern beeinflusste in der Folgezeit das musikalische Leben am Dresdner Hof. Im Rahmen seiner Reise hielt sich der Kurprinz einige Monate in Venedig auf. Die hier erlebte italienische Oper war ihm Veranlassung, die Verpflichtung des in Dresden zum Oberkapellmeister ernannten Antonio Lottis samt eines Opernensembles zu bewirken. August der Starke verwehrte sich im Hinblick auf die bevorstehende Eheschließung seines Sohnes dessen Wünschen nicht, obgleich er über die Kosten des Engagements der italienischen Künstler mitnichten erbaut war.[226] Das von Friedrich August I. stark befürwortete Ehevorhaben seines Sohnes richtete sich neben der Kaiserkrone auch auf die habsburgischen Erblande, da die zukünftige Braut des Kurprinzen, Maria Josepha, erste Aspirantin des habsburgischen Erbes war, solange ihr regierender Onkel Karl VI. keine Nachkommen hatte.[227] Mit der Verpflichtung der Italiener unternahm der Kurfürst einen weiteren gewinnbringenden Schachzug, da die italienische Opernpraxis am mächtigen, habsburgischen Kaiserhof höchst wertgeachtet wurde. Friedrich August I. scheute in Hinsicht auf das Heiratsprojekt seines Sohnes die horrenden Kosten für das Engagement der italienischen Musiker nicht, deren Anstellung mit der Einführung der neuesten italienischen Musik und Aufführungspraxis am Dresdner Hof einherging.[228] Am 1. September 1717 wurde die italienische

---

[226] Walter: Fürstenhochzeit. S. 177 f.
[227] Horn: Hofkirchenmusik 1720-1745. S. 26.
[228] Walter: Fürstenhochzeit. S. 180.

3.2. Schwankende Dominanz der Italiener am Dresdner Hof

Oper gegründet. Neben Antonio Lotti und seiner Frau Stella[229] wurde ein Opernensemble engagiert, das am 05. September in Dresden anreiste.[230] Unter den Sängern befanden sich die Kastraten Francesco Bernardi, genannt Senesino[231], Matteo Berselli[232] und Pacini[233]. Die Altisten Giuseppe Maria Boschi[234] und Cajetano Berenstadt kamen im Jahr 1718 nach, wobei Berenstadt[235] bereits im August 1718 Dresden verließ, um nach Italien zurückzureisen. Diese Sänger erhielten die höchsten Gehälter, die während der gesamten Wirkungszeit von Sängerkastraten am Dresdner Hof gezahlt wurden. So wurde beispielsweise der gefragte und international bekannte Sopranist Francesco Bernardi mit 6.650 (!) Thalern engagiert. Im Folgejahr erhielt er eine Gehaltserhöhung auf 7.000 Thaler jährlich. Hiermit lag seine Besoldung deutlich über der des Kapellmeisters, der gemeinsam mit seiner Frau 10.500 Thaler erhielt. Somit mussten für die Gehaltszahlungen von Lotti, seiner Frau und

---

[229] Staatsarchiv Dresden. Loc. 907/03, Bl. 37: *Vertrag mit dem Capellmeister Antonio Lotti und seiner Frau.*

[230] Fürstenau: Geschichte der Musik. II, S. 101.

[231] Staatsarchiv Dresden. Loc. 907/03, Bl. 37: *Contract mit dem Sänger Senesino vom 1. Septembr. 1717 an, mit jährlich 7.000 Thalern.*

[232] Ebd.: *Contract mit dem Sänger Matteo Berselli vom 1. September 1717 an für jährlich 4.500 Thaler.*

[233] Staatsarchiv Dresden. Loc. 383/03, Bl. 50: *Engagement des Contr'Alte und Souffleur Pacinis.*

[234] Staatsarchiv Dresden. Loc. 907/03, Bl. 119 vom 1.August 1718: *Specificatio derer Italienischer Operisten und jährl. Tractaments: 3.325 Thaler dem Sänger Boschi .*

[235] Ebd. Bl. 119: *Specificatio derer Italienischer Operisten und jährl. Tractaments: 2850 Thaler dem Sänger Berenstadt.*; Bl. 59: Entlassung Berenstadts am 23. August 1718; Bl. 61 vom 19. September 1718: *Bewilligung von Rückreisegeld für den Sänger Gaetano Berenstadt zur Rückreise in Italia.*

3.2. Schwankende Dominanz der Italiener am Dresdner Hof

der des Sängers Bernardi im Jahr 1718 eine Summe von 17.500 Thalern bereitgestellt werden. Die übrigen Sängers des Ensembles waren darüber hinaus zu bezahlen. Im Vergleich dazu sei darauf hingewiesen, dass der Kapelletat der gesamten Kapelle im Jahr 1697 bei ähnlichem Geldwert insgesamt 12.000 Thalern betrug. Im Jahr 1709 erhielt der Kapellmeister Schmidt mit 1.200 Thalern jährlich ein Sechstel des Gehaltes, welches Bernardi 1718 bezog.[236]
Es ist davon auszugehen, dass die Absicht des Dresdner Hofes nicht darauf gerichtet war, die mit Lotti engagierten Sänger längerfristig an den Dresdner Hof zu binden. So wurden die Gehaltsforderungen der Kastraten sicherlich nur unter dem Aspekt bewilligt, dass man nach Beendigung der Hochzeitsfeierlichkeiten auch ein Ende des kostspieligen Engagements in Betracht zog.

In Verbindung mit der Neugründung der italienischen Oper steht die Grundsteinlegung für den Bau des Opernhauses am Zwinger, da das Komödienhaus für die bevorstehenden Opernvorstellungen nicht von ausreichender Größe war.[237] Der durch Pöppelmann geleitete Bau dauerte ein Jahr und wurde im Jahr 1719 pünktlich zu den Vermählungsfeierlichkeiten des Kurprinzen fertiggestellt.[238] Zur offiziellen Eröffnung des Gebäudes und der Festwochen anlässlich der Hochzeit wurde die Oper *Giove in Argo* von Lotti unter

---

[236] Fürstenau: Geschichte der Musik. II, S. 50, 105.
[237] Ebd. S. 114.
[238] Ebd. S. 128 f.: Am 9. September 1718 fand die Grundsteinlegung für den Bau des Opernhauses statt. Am 3. September 1719 wurde es während der Festwochen zur Vermählung des Kurprinzen eröffnet. Vgl. auch Mücke: Hasse. S. 48: Der Bau des Dresdner Hoftheaters kostete etwa 150.000 Thaler.

3.2. Schwankende Dominanz der Italiener am Dresdner Hof

Der Kastrat Francesco Bernardi, genannt Senesino,
Stich nach Joseph Goupy um 1730.

3.2. Schwankende Dominanz der Italiener am Dresdner Hof

der Mitwirkung der Kastratensänger Bernardi, Berselli und Boschi gegeben. Die gesamten musikalischen Darbietungen wurden während der Solennitäten vom 2. bis 30. September von italienischer Musik dominiert, so dass der Dresdner Hof das musikalische Auftreten der italienisch-habsburgischen Tradition aufgriff.[239] Auch bedeutende Musiker, die nicht in Dresdner Diensten standen, wurden von den Festlichkeiten angezogen: Telemann und Händel zählten zu den Gästen während der Festwochen.[240] Ob die erheblichen Spannungen, zu denen es zwischen den italienischen Operisten und dem Dresdner Kapellpersonal gekommen sein soll, auf die außergewöhnliche Belastung aller Beteiligten, auf die beabsichtigte Beendigung der Engagements mit den Sängern seitens des Dresdner Hofes oder auf ein Vorhaben der Italiener, an die Londoner Oper zu Händel zu wechseln, zurückzuführen waren, lässt sich aus heutiger Sicht nicht mehr klären.[241] Berichtet wurde von dem Streit wie folgt:

„Bey der Probe aber, die auf dem königlichen Schlosse, [...] gehalten wurde, machten die beyden Sänger, Senesino und Berselli einen ungeschliffenen Virtuosen-Streich. Sie zankten sich mit dem Capellmeister Heinichen über eine Arie, wo sie ihm, einem Manne von Gelehrsamkeit, [...] Schuld gaben, daß er wider die Worte einen Fehler begangen hätte. Senesino, welcher seine Absichten schon nach England gerichtet haben mochte, zerriß die Rolle des Berselli, und warf sie

---

[239] Walter: Fürstenhochzeit. S. 177.
[240] Fürstenau: Geschichte der Musik. II, 151; vgl. auch R. Prölss: Hoftheater. S. 133.
[241] Mücke: Hasse. S. 26.

3.2. Schwankende Dominanz der Italiener am Dresdner Hof

dem Capellmeister vor die Füße. Dieses wurde nach Pohlen an den König berichtet. Inzwischen hatte zwar der damalige Graf von Wackerbart, der sonst ein großer Gönner der Wälschen war, den Capellmeister und die Castraten zu des Capellmeisters völliger Genugthuung, in Gegenwart einiger der vornehmsten vom königlichen Orchester, als Lotti, Schmidt, Pisendel, Weiß usw. wieder miteinander verglichen. Es kam aber ein königlicher Befehl zurück, daß alle wälschen Sänger abgedanket seyn sollten. Hiermit hatten die Opern für diesmal ein Ende."[242]

Offensichtlich war nun der Verbrauch aller der Staatskasse zur Verfügung stehenden Gelder. Nach Abschluss der Festlichkeiten hatte das teure, italienische Ensemble seinen Dienst bravourös absolviert und wurde nun nicht mehr benötigt. Eine Auflösung der italienischen Oper, verbunden mit der Entlassung aller italienischen Sänger, erfolgte am 01. Februar 1720 und betraf damit auch die Kastratensänger Francesco Bernardi, Matteo Berselli, Giuseppe Maria Boschi[243] und wahrscheinlich auch Pacini.

In den nachfolgenden Jahren war es hauptsächlich den Neigungen des kurprinzlichen Paares zuzuschreiben, dass Unternehmungen zur Wiedereinrichtung einer italienischen Oper am Dresdner Hof eingeleitet wurden. Um einer erneut horrenden Etatforderung italienischer Sänger zu entgehen, wurde der in Venedig stationierte sächsische Gesandte Graf Emilio de Villio von Kurfürst Friedrich August I. im Jahr 1723 beauftragt, vier junge Kastraten und drei

---

[242] Johann Joachim Quantz berichtet in: Willi Kahl: Selbstbiographien deutscher Musiker. Köln 1948; S. 211 f.; abgekürzt als: Kahl: Selbstbiographien.
[243] Staatsarchiv Dresden. Loc. 907/03, Bl. 203 vom 01.Februar 1720: Entlassung und Bewilligung von Geld zur Rückreise: *dem Senesino, dem Berselli, dem Boschi.*

3.2. Schwankende Dominanz der Italiener am Dresdner Hof

Mädchen in Italien ausfindig zu machen und diese für Dresdner Dienste ausbilden zu lassen.[244] Der namhafte Altkastrat Antonio Campioli wurde mit dem Unterricht der jungen Sänger betraut.[245] Den Akten des Staatsarchivs zufolge erhielt Mentor Campioli für den erteilten Unterricht 600 Thaler im Jahr 1728.[246] Die Schulung der Sänger dauerte bis 1730 an. In der Zeit zwischen der Entlassung des italienischen Opernensembles 1720 bis hin zur offiziellen Einstellung der in Italien ausgebildeten Sänger im Jahr 1730 war es mit den in Dresden verbliebenen Sängern nicht möglich, eine Opernaufführung zu arrangieren. Für die Gestaltung des Kirchendienstes kamen diese Sänger ebenfalls nicht in Betracht. Doch konnte die Erfüllung der solistischen Kirchenpartien auch kaum den Kapellknaben angetragen werden.[247] So kam es im Jahr 1725 zu der Anstellung der beiden Sängerkastraten Niccolo Pozzi und Andrea Ruota.[248] Der Sopranist Ruota wurde bereits mit Ende des Jahres 1731 aus unbekannten Gründen entlassen, obwohl von ihm eine Bittschrift zur Aufrechterhaltung seines Vertrags in den Akten des Staatsarchivs existiert.[249] Der Altist Pozzi, genannt Niccolini, stand

---

[244] Mücke: Hasse. S. 26.
[245] John: Gesangskunst. S. 204.
[246] Staatsarchiv Dresden. Loc. 907/02, Bl. 56.
[247] Horn: Hofkirchenmusik. S. 51.
[248] Staatsarchiv Dresden. Loc. 383/05, Bl. 106: *Annahme und jährliches Tractament vom 20. April 1725: Andrea Ruota, Souperano für 500 Thaler/Nicolo Pozzi, Contre Alt für 500 Thaler.*
[249] Ebd. Bl. 223 vom 28.11.1731: *500 Thaler Dimission des Andrea Ruota werden vacant.*; Bl. 240 enthält eine Bittschrift des Sängers aus dem Jahr 1732 in französischer Sprache.

3.2. Schwankende Dominanz der Italiener am Dresdner Hof

bis zu seinem Tod im Jahr 1758 in Dresdner Diensten.[250] Die Dreßdnischen Merkwürdigkeiten berichteten Folgendes zu seinem Tod:

„Eodem ward der Königl. Kammermusikus, Herr Nikolaus Pozy, welcher etliche 50. Jahr alt am Brande gestorben, auf den Röm. Katholischen Begräbnisplatz nach Friedrichstadt unter einer zahlreichen Begleitung beygesetzet. Derselbe war unter dem Namen Nikolini allhier sehr bekannt, und ein ehemaliger berühmter Opernsänger, nachhero aber hat er nur in der Kirche sich hören lassen, weil er seines ausserordentlich fetten und korpulenten Leibes halber nicht das Theater mehr betreten können. Er soll einige Center schwer gewogen haben, dahero auch sein Sarg in der Breite über 2. und eine halbe Elle ausgetragen, und nebst der Leiche nicht auf den ordentl. Kathol. Leichenwagen, sondern auf einen so genannten Brancar oder Tragewagen abgeführet und fortgebracht werden müssen. Er hätte noch länger gelebet, wann er nicht durch ein Fußbad von Eisse, damit er einen Salzfluß am Schenkel zu vertreiben gedacht, seinen Tod verursachet.'[251]

Zu Beginn des Monats April trafen die in Italien ausgebildeten Sänger gemeinsam mit ihrem Mentor Campioli in Dresden ein. Unter ihnen befanden sich die Sopranisten Domenico Annibali, Giovanni Bindi und Venturio Rocchetti, als Altist reist Casimiro Pignotti am Dresdner Hof an. Die Sänger wurden jeweils mit einem anfänglichen Jahresgehalt von 792 Thalern am Dresdner Hof angestellt.[252] Damit wurde den Kastraten ein Gehalt bewilligt, das ein Neuntel

---

[250] Fürstenau: Geschichte der Musik. II, S. 161.
[251] Peter Georg Mohrenthal: Kern Dreßdnischer Merkwürdigkeiten. Juni 1758, S. 41 f.; abgekürzt als: Mohrenthal: Merkwürdigkeiten.
[252] Staatsarchiv Dresden. Loc. 383/05, Bl. 196 vom 7.Mai 1730: *Domenico Anibali, Casimir Pignotti, Venturino Rochetti, Gion Bindi für jährl. 792 Thaler von Anfang des Aprilis.*

der 1718 an Bernardi gezahlten Besoldung betrug. Der Sänger Pignotti hat nach Angaben Hochmuths den Hof bereits 1734 wieder verlassen,[253] in den Akten des Staatsarchivs ist er nur im Jahr 1730 nachweisbar.[254] Der Gesangslehrer der vier Kastratensänger erhielt vom 01. Juli 1738 an eine Pension von 400 Thalern verknüpft mit der Erlaubnis, nach Italien zurückzukehren zu dürfen.[255]

3.3. Hasse und die Glanzzeit der Dresdner Barockoper

Die Bemühungen des Kurprinzen Friedrich August II. um die Wiedererrichtung einer italienischen Hofoper waren mit der Einstellung neuer Sänger noch nicht abgeschlossen. Im Jahr 1730 bot der sächsische Kurprinz dem in Venedig wirkenden Kapellmeister Johann Adolf Hasse die Stelle des Hofkapellmeisters am sächsisch-polnischen Hof an.[256] Im Juli des Folgejahres berichteten die Dreßdnischen Merkwürdigkeiten folgendes:

„Den 7. Julii ist der Königl. Pohln. und Churfürl. Sächs. Capellmeister, Mons. Hasse, mit seiner neuen Eheliebsten, der bekannten Sängerin Faustina, die ihres gleichen wenig haben soll, aus Venedig allhier angelanget, und hat Tags darauff bey Ihro Maj. dem König dieselbe die erste Probe ihrer Geschicklichkeit im Singen zu vollkommenen Contentement hören lassen."[257]

---

[253] Michael Hochmuth: Chronik der Dresdner Oper. Band 2: Die Solisten. Eigenverlag, Dresden 2004. S. 256; abgekürzt als: Hochmuth: Solisten.
[254] Staatsarchiv Dresden. Loc. 383/05, Bl. IVb: *der Sänger Pignotti, Annibali Casimir wird mit 792 Thalern begnadigt.*
[255] Staatsarchiv Dresden. Loc. 907/04, Bl. 124.
[256] Mücke: Hasse. S. 27.
[257] Mohrenthal: Merkwürdigkeiten. Juli 1731, S. 54.

3.3. Hasse und die Glanzzeit der Dresdner Barockoper

Kurz darauf verließ der nun mit dem Titel des königlich-polnischen und kurfürstlich-sächsischen Kapellmeisters beehrte Hasse die elb-sächsische Metropole und ging nach London. Erst nachdem August der Starke 1733 verstorben war und sein Sohn Friedrich August II. zum sächsischen Kurfürsten ernannt wurde, kehrte Hasse infolge einer erneuten Berufung nach Dresden zurück.[258] Hier fand er für seine Arbeit förderliche, durch den Tod Friedrich Augusts I. ausgelöste neue Umstände vor: Der neue Kurfürst unterband die bis dahin wirkenden französischen Einflüsse am Dresdner Hof und ebnete den Italienern den Weg zur Alleinherrschaft auf dem Gebiet der Oper, indem er sich für die Entlassung des französischen Vokalensembles aussprach, die „polnische Kapelle" auflöste und die Errichtung einer stehenden italienischen Oper und einer italienischen Komödie bewirkte.[259] Hasse stand als Kapellmeister an der Spitze der Oper und konnte seiner musikalischen Anschauung entsprechend ein beeindruckendes Opernleben gestalten. So fanden während der fast 30jährigen künstlerischen Herrschaft Hasses zahlreiche, pompöse Aufführungen des italienischen Opernensembles statt.[260] Das Personal wurde mit weiteren italienischen Sängern ver-

---

[258] Prölss: Hoftheater. S. 139: Hasse und seine Frau erhielten ein jährliches Gehalt von 6.000 Thalern, zuzüglich wurden ihnen die Reisekosten in Höhe von 500 Thalern vergütet.
[259] Mücke. Hasse. S. 31.
[260] Beispielhaft seien folgende Aufführungen benannt: 8. Juli 1734 *Cajo Fabricio* (Hasse/Zeno) unter Mitwirkung der Kastraten Rochetti, Annibali, Bindi und Pozzi; 10. August 1736 *Le Fate* (Ristori/Pallavicino) unter Mitwirkung der Kastraten Annibali und Bindi; 27. Februar 1737 *Senocrita* (Hasse/Pallavicino) unter Mitwirkung der

3.3. Hasse und die Glanzzeit der Dresdner Barockoper

stärkt. Am 1. Juni 1743 trat der Sopranist Salvatore Pacifico seinen Dienst in Dresden mit 600 Thalern jährlicher Besoldung an.[261] Am 25. Dezember 1745 kam es im Verlauf des Zweiten Schlesischen Krieges zum Friedensschluss in Dresden.[262] Im Juli 1746 wurde das seit 1741 im Bau begriffene hölzerne Opernhaus im Zwinger durch die Gesellschaft des Pietro Mingotti eröffnet.[263] Hier fanden erstmals gegen Zahlung von Eintrittsgeldern Opernvorstellungen statt.[264] Die wandernden Operntruppen erhielten die Konzession zu Auftritten bei besonderen Festanlässen, oder spielten während der Aufenthalte des Hofes in Warschau.[265] Bei den Aufführungen der benannten Mingottischen Gesellschaft fand sich der Sänger Giuseppe Perini[266], der in den Akten des Staatsarchivs als *Soprani* ausgeschrieben wird.[267] Nach dem Weggang der Mingottischen Gesellschaft bildete sich eine Operngesellschaft unter der Leitung des Hofopernsängers Campagnari. Im Jahr 1747 ergab sich durch die Doppelvermählung des Kurfürsten von Bayern mit der

---

Kastraten Pozzi und Rochetti; 17. Januar 1738 *Tito Vespasiano* (Hasse/Metastasio) unter Mitwirkung der Kastraten Annibali, Bindi, Rochetti, Pozzi.

[261] Staatsarchiv Dresden. Loc. 910/01, Bl. 71.
[262] Der Zweite Schlesische Krieg 1744-1745 war ein zwischen Preußen und Österreich geführter Krieg um die Vorherrschaft in Schlesien.
[263] Prölss: Hoftheater. S. 149.
[264] Fürstenau: Geschichte der Musik. II, S. 243.
[265] Landmann: Italienische Opernpraxis. S. 26.
[266] Perini sang 1746 als Mitglied der Mingottischen Gesellschaft bei mehreren Opernaufführungen. Ab 1764 wurde er dann im Mitgliederverzeichnis der Kapelle aufgeführt.
[267] Staatsarchiv Dresden. Spezialinventar Theater und Musik, erstellt durch Jäger: Per(r)ini, Giuseppe – Soprani.

3.3. Hasse und die Glanzzeit der Dresdner Barockoper

Der Kastrat Giovanni Carestini, Stich nach George Knapton, um 1735.

Prinzessin Maria Anna von Sachsen und des sächsischen Kurprinzen mit der Prinzessin Maria Antonia von Bayern seit Jahren wieder ein Anlass, der gebührend mit ausschweifenden Festlichkeiten gefeiert werden konnte. Die Vermählungsfeierlichkeiten dauerten vom 10. Juni bis 3. Juli 1747. Die hier dargebotenen Aufführungen wurden von der Gesellschaft Mingottis und der Campagnaris gestaltet.[268] Der Alt-Kastrat Giovanni Carestini, genannt Cusanino, wurde 1747 an der von Hasse geleiteten italienischen Oper am Dresdner Hof angestellt.[269] Ein Jahr darauf kam mit der Berufung Nicolo Porporas an den Dresdner Hof die uneingeschränkte Herrschaft Hasses ins Wanken.[270] Porpora war zum Gesangslehrer der sächsischen Kurprinzessin ernannt worden und erhielt am 13. April 1748 in Dresden neben Hasse den Kapellmeisterstatus.[271] Daraufhin erfolgte am 7. Januar 1750 die Ernennung Hasses zum Oberkapellmeister; Giovanni Alberto Ristori bekam des Amt des

---

[268] Ortrun Landmann: Quellenstudien zum Intermezzo comico per musica und zu seiner Geschichte in Dresden. Dissertation, Rostock, 1972; S. 106; abgekürzt als: Landmann: Quellenstudien.
[269] Haböck: Gesangskunst. S. 448; ebenso Prölss: Hoftheater. S. 155.
[270] Fürstenau: Geschichte der Musik. II, S. 251.
[271] Mücke: Hasse. S. 36.

3.3. Hasse und die Glanzzeit der Dresdner Barockoper

Vizekapellmeisters zugeteilt. In diesem Jahr waren die Erweiterungen des Opernhauses am Zwinger beendet.[272] Als neue Sänger der italienischen Oper wurden die Sopranisten Giovanni Belli[273] und Felice Salimbeni[274] eingestellt. Der Sopranist Carestini wechselte im Sommer 1750 an den Berliner Hof Friedrichs; damit war sein Engagement in Dresden beendet.[275] Felice Salimbeni, dem wegen fortdauernder Krankheit eine Pension von 4.000 Thalern jährlich zugesichert wurde, verstarb im August 1751 und schied somit ebenfalls aus Dresdner Diensten aus. Die Zahlung einer Pension in dieser Höhe war einmalig unter den Sängern. Ob sie dem Kastraten Salimbeni in Anbetracht seines schlechten Gesundheitszustandes bewilligt wurde, kann nur gemutmaßt werden. In den Akten des Hauptstaatsarchivs Dresden wurde die Vakanz der Besoldungsstelle Salimbenis seit dem September 1751 vermerkt und damit sein Ableben bestätigt.[276] Einige Monate zuvor muss auch der Kastrat Giovanni Bindi gestorben sein: Prölss gibt für dieses Ereignis zwar das Jahr 1749 an, da Bindi zu der 1750 stattfindenden Aufführungen des *Attilio Regolo* nicht mehr gelebt haben soll;[277] jedoch wird über das *Absterben* Bindis und der damit einhergehenden Vakanz seines Gehaltes in den Akten des Staatsarchivs erst am 8. Februar 1751

---

[272] Prölss: Hoftheater. S. 157.
[273] Staatsarchiv Dresden. Loc. 907/05, Bl. 1b: Anstellung des Sängers Giovanni Belli mit einem jährlichen Gehalt von 1400 Thalern.
[274] Staatsarchiv Dresden. Loc. 383/01, Bl. 249-251: Engagement Salimbenis in französischer Sprache vom 18. Februar 1750.
[275] Korsmeier: Carestini. S. 142.
[276] Staatsarchiv Dresden. Loc. 907/05, Bl. 233b.
[277] Prölss: Hoftheater. S. 159.

3.3. Hasse und die Glanzzeit der Dresdner Barockoper

berichtet.[278] Das Datum seines Todes kann also lediglich auf einen Zeitraum zwischen 1749 und Februar 1751 eingegrenzt werden. Nicolo Porpora verließ Dresden im Jahr 1751.[279]

Seit 1752 fanden in dichter Folge Aufführungen der von Hasse komponierten Opern am Dresdner Hof statt, in denen zahlreiche Kastratensänger mitwirkten.[280] Im Zusammenhang mit diesen Vorstellungen standen auch die Engagements weiterer Sänger im Zeitraum zwischen 1752 und 1756. So kamen die Sopranisten Bartolomeo Putini[281], Angelo Maria Monticelli[282] und Nicolaus Spindler[283], sowie der Altist Pasquale Bruscolini[284] an den Hof zu Dresden.

Im Sommers 1754, während der Abwesenheit des Hofes, bespielte die italienische Operngesellschaft von Giovanni Battista Locatelli das Brühlsche Theater.[285] Weitere Vorstellungen dieser Truppe

---

[278] Staatsarchiv Dresden. Loc. 907/05, Bl. 207: Durch das „Absterben" Bindis ist die Summe seines Gehaltes vakant geworden. Datiert auf den 8. Februar 1751.

[279] Fürstenau: Geschichte der Musik. II, S. 253; ebenso Prölss: Hoftheater. S. 156.

[280] Ebd. S. 268; beispielhaft seien hier aufgeführt: 17.01. 1752 *Adriano in Siria* (Hasse/Metastasio) unter Mitwirkung der Kastraten Annibali und Rochetti; 5. Februar 1753 *Solimano* (Hasse/Migliavacca) unter Mitwirkung der Kastraten Monticelli, Putini, Belli; 6. Februar 1754 *Artemisia* (Hasse/Migliavcca) unter Mitwirkung der Kastraten Bruscolini und Putini.

[281] Staatsarchiv Dresden. Loc. 907/05, Bl. 8b & 232: dem Sänger Putini werden jährlich 2.000 Thaler zum *Tractament* bewilligt. Besoldungsauskunft vom 1. July 1752.

[282] Ebd. Loc. 383/03, Bl. 212: Kontrakt vom 14. Januar 1753 Unterschrift.; Loc. 907/05, Bl. 239 vom 13. März 1753: 4.000 Thaler jährliche Besoldung dem Sänger Angelo Maria Monticelli, vom 1. Januar 1753, dazu 500 Ducaten Gratifikation.

[283] Ebd. Loc. 907/05, Bl. 232: *Besoldung vom 31. July 1752 an den Sänger Spintler.* Nicolaus Spindler war ein in Italien geborener Sohn deutschstämmiger Eltern.

[284] Haböck: Gesangskunst. S. 449: Bruscolini wurde 1753 mit einem jährlichen Gehalt von 1.500 Thalern nach Dresden engagiert.

[285] Landmann: Italienische Opernpraxis. S. 26.

3.3. Hasse und die Glanzzeit der Dresdner Barockoper

folgten auch in den Jahren 1755 und 1756. Unter den Sängern dieser Gesellschaft fanden sich die Sängerkastraten Angelo Michael Potenza[286] und Giusto Ferdinando Tenducci[287]. Der Sopran-Kastrat Potenza verblieb nur ein Jahr in der Gesellschaft Locatellis. Tenducci dagegen war bis 1757 Mitglied der Locatellischen Gesellschaft und wirkte in mehreren Opernaufführungen am Dresdner Hof mit.[288] Im Jahr 1755 wurde der Bau des Opernhauses für Pietro Moretti fertiggestellt und im Mai desselben Jahres durch die Locatellische Gesellschaft eröffnet.[289] Zu dieser Zeit muss der Sängerkastrat Venturio Rocchetti verstorben sein, der noch in der Opernaufführung *Ezio* von Hasse als Valentiano mitwirkte, bevor von seinem Ableben berichtet wurde.[290] Die im Karneval des Jahres 1756 zur Aufführung gebrachten Opern weisen wieder eine hohe Beteiligung der Sängerkastraten auf.[291]

---

[286] Hochmuth: Solisten. S. 261: Der Sopran-Kastrat A.M. Potenza ist seit 1754 Mitglied der am Dresdner Hof agierenden italienischen Gesellschaft von G.B. Locatelli. Er blieb nur ein Jahr bis 1755 in Dresdner Diensten.

[287] Haböck: Gesangskunst. S. 449: Der Sopran-Kastrat Tenducci kam 1755 in der Operntruppe von Locatelli nach Dresden.

[288] Ebd. Beispielhaft seien hier die Aufführungen *Il filosofo de campagna* (Galuppi/Goldono) am 23. Mai 1755; *L'Arcadia in brenta* (Galuppi/Goldoni) am 23. Mai 1755 & *Il pazzo glorioso* (Cocchi/Villani) am 31. Mai 1756 erwähnt.

[289] Fürstenau: Geschichte der Musik. II, S, 285.

[290] Ebd. S. 166 Fußnote: Der Tod des Sängers wird auf das Jahr 1750 datiert. Hier muss ein Fehler vorliegen, da der Autor wiederum angibt, dass Rocchetti noch am 20. Januar 1755 in der Hasse-Oper E*zio* mitgewirkt hat [II, S. 282]. So ergibt sich als möglicher Sterbezeitraum die Zeit zwischen März 1755 bis 1756.

[291] Beispielsweise: Januar 1756 *Il re pastore* (Hasse/Metastasio) unter Mitwirkung von Monticelli, Belli, Bruscolini; 16. Februar 1756 *Olimpiade* (Hasse/Metastasio) unter Mitwirkung von Monticelli, Belli, Bruscolini & Perini.

3.3. Hasse und die Glanzzeit der Dresdner Barockoper

Die italienische Oper stand zu dieser Zeit am Dresdner Hof in voller Blüte, die Sänger[292] genossen höchste Vergütungen und große Anerkennung, als im August 1756 mit dem Überfall der preußischen Armee auf Sachsen ein sieben Jahre währender Krieg einsetzte.[293] Der Einzug des Preußen-Königs Friedrich II. in Dresden veranlasste die Mehrzahl der Hofkünstler, die Stadt zu verlassen.[294] Unter diesen Künstlern befanden sich die Sopran-Kastraten Giovanni Belli[295] und Bartolomeo Putini[296]. Die verbleibenden Teile der Oper, des Balletts und der Kapelle folgten dem König nach Warschau, wo es zu mehreren Vorstellungen italienischer Opern kam.[297] Trotz der politischen Situation verblieb der Mezzosopranist Monticelli bis zu seinem Tod 1758 in Dresdner Diensten.[298] Durch den Ausbruch des Siebenjährigen Krieges entstanden dem kurfürstlich-sächsischen Haus wiederum enorme Kosten, so dass es zu einer allgemeinen Reduzierung der Gehälter aller am Hof Bediensteten kam.[299] In mehreren Fällen konnten die neu vereinbarten Einkommen dennoch nicht in voller Höhe ausgezahlt werden; es kam zu Besoldungsrückstände.[300] Im Jahr 1761 wurde eine neue Schauspielergesellschaft

---

[292] Vgl. das Mitgliederverzeichnis der Kapelle 1756 bei Fürstenau: Geschichte der Musik. II, S. 294.
[293] Fürstenau: Geschichte der Musik. II, S. 359. Der Siebenjährige Krieg begann am 29. August 1756 mit dem Überfall der preußischen Armee auf Sachsen.
[294] Bauer: Böhmische Musiker. S. 21.
[295] Haböck: Gesangskunst. S. 448.
[296] John: Gesangskunst. S. 205.
[297] Fürstenau: Geschichte der Musik. II, S. 361.
[298] Heriot: Castrati. S. 163.
[299] Staatsarchiv Dresden. Loc. 32751 Rep. LII Nr. 849, Bl. 78-80.
[300] Ebd.; Vgl. auch: Fürstenau: Geschichte der Musik. II, S. 361 Fußnote.

3.3. Hasse und die Glanzzeit der Dresdner Barockoper

durch Pietro Moretti gegründet, die sowohl Schauspiele, als auch Opern und Operetten im kleinen Zwingertheater zur Aufführung brachte.[301] Im Januar 1762 kehrte der Kurprinz mit seiner Familie und seinen Geschwistern von Warschau nach Dresden zurück. Nach dem Friedensschluss von Hubertusburg am 15. Februar 1763 war das Ende Sachsens als Großmacht besiegelt: Der König musste die polnische Krone abgeben und wurde zur Zahlung immenser Kriegskontributionen an Preußen verurteilt. Die Zerstörung von Stadt und Land wurde dem Kurfürst bei seiner Rückkehr nach Dresden augenscheinlich.[302] Dennoch wünschte Friedrich August II. die Instandsetzung des stark beschädigten Opernhauses und die Vervollständigung des verbliebenen Opernensembles. Doch noch bevor einschneidende Veränderungen in dieser Richtung eingeleitet werden konnten, verstarb der Kurfürst am 5. Oktober 1763. Der neue Kurfürst Friedrich Christian, dessen Ableben bereits zweieinhalb Monate nach seinem Regierungsantritt erfolgte, war stark um die Reformierung von Heer und Verwaltung zur Rekonstruktion des Landes bemüht.[303] Da die Staatskassen in Folge des Krieges stark beansprucht waren, wurden die Ausgaben für die Hofhaltung weiter dezimiert, was die Auflösung der italienischen Oper, die Entlassung des Kapellmeisters Hasse, die Schließung des Opernhauses am Zwinger und die Stilllegung des Theaterlebens zur Folge hatte. So

---

[301] Fürstenau: Geschichte der Musik. II, S. 367.
[302] Mücke: Hasse. S. 38.
[303] Ebd.

beendete der Kastratensänger Pasquale Bruscolini 1763 seinen Dienst am Dresdner Hof und kehrte nach Italien zurück.[304] Der Siebenjährige Krieg beendete die rumreiche Ära Hasses, die durch zahlreiche hervorragende Opernaufführungen und Festlichkeiten charakterisiert war. Der Oberkapellmeister Hasse hat die Dresdner Hofkapelle, die durch die Qualität ihrer Mitglieder und die Ausgewogenheit der hier tätigen Virtuosen geprägt war, an die Spitze der damaligen europäischen Orchester geführt. Durch die sorgfältige Auswahl hochwertiger Sänger gelang dem Kapellmeister die Zusammenstellung eines höchst qualitativen und ausdrucksstarken Vokalensembles, das den Dresdner Opernaufführungen eine vorzügliche Ausstrahlung verlieh.[305] Hasse musste Dresden ohne die Gewährung einer Pension und nur mit der Ehre seines Titels verlassen.[306] Der darauffolgende Opernbetrieb unterlag jahrzehntelang einer gänzlich anderen Organisation. Die Zeit der subventionierten Theaterunternehmen begann. Eine Hofoper im strengeren Sinn existierte erst wieder ab 1815.[307]

3.4. Die Oper als subventioniertes Privattheater

Als der Kurfürst Friedrich Christian kurz nach Antritt seiner Regentschaft im Dezember 1763 verstarb, übergab dessen Witwe Maria Antonio Walpurgis die Administration und Vormundschaft für

---

[304] Fürstenau: Geschichte der Musik. II, S. 368.
[305] Mücke: Hasse. S. 47.
[306] Fürstenau: Geschichte der Musik. II, S. 372.
[307] Landmann: Italienische Opernpraxis. S. 25.

3.4. Die Oper als subventioniertes Privattheater

ihren 13jährigen Sohn dessen Onkel und damit ihrem Schwager Xaver.[308]

Aufgrund der desolaten finanziellen Lage veranlasste der Administrator Prinz Xaver die nochmalige Reduzierung der Gehälter von 1763, wobei hauptsächlich die am höchsten dotierten Bediensteten betroffen waren. Diese unverhältnismäßige Verminderung der Besoldungen führte zu Beschwerden der Musiker.[309] Der Sänger Domenico Annibali musste den Dresdner Hof 1764 verlassen. Er erhielt zu seiner Entlassung eine Pension von 600 Thalern verbunden mit der Erlaubnis, diese auch in Italien beziehen zu dürfen.[310] Da die Ausführung des Kirchendienstes weiter garantiert werden musste, wurde der Soprankastrat Salvatore Pacifico als Kirchensänger beibehalten.[311]

Auch die Sopranisten Nicolaus Spindler und Giuseppe Perini blieben in Dresdner Diensten.[312] Der Kapelletat befand sich nach der Reduzierung der Gehälter auf einer Höhe von 25.102 Thalern.[313] Johann Gottlieb Naumann trat als Kirchenkomponist in Dresdner

---

[308] Ortrun Landmann: Die italienische Oper in Dresden nach Johann Adolf Hasse. Entwicklungszüge 1765-1832. In: Die italienische Oper in Dresden von Johann Adolf Hasse bis Francesco Morlacchi. Hrsg. Günther Stephan. Hochschule für Musik „Carl Maria von Weber", Dresden 1987. S. 394; abgekürzt als: Landmann: Entwicklungszüge.

[309] Richard Engländer: Zur Musikgeschichte Dresdens gegen 1800. In: Zeitschrift für Musikwissenschaft IV 1921/22; S. 202; abgekürzt als: Engländer: Musikgeschichte Dresdens.

[310] Staatsarchiv Dresden. Loc. 910/01, Bl. 42.

[311] Fürstenau: Geschichte der Musik. II, S. 374.

[312] Prölss: Hoftheater. S. 212: Mitgliederverzeichnis der Dresdner Kapelle von 1764.

[313] Ebd.

3.4. Die Oper als subventioniertes Privattheater

Dienste. Die durch Hasses Verabschiedung vakante Stelle des Kapellmeisters wurde von 1766 bis 1772 mit Domenico Fischietti neu besetzt.[314] 1764 wurde die französische Schauspielergesellschaft *Comediens françois* am Dresdner Hof angestellt, die auch Operetten und Singspiele aufführte.[315]

Der Wunsch des Dresdner Hofes nach der italienischen Oper verstärkte sich nach knapp zweijähriger opernloser Zeit zunehmend.[316] So kam es im September 1765 zur Neugründung der Italienischen Oper als vom Hof subventioniertes Privattheater durch Giuseppe Bustelli, mit dem man schon seit März des Jahres in entsprechenden Verhandlungen gestanden hatte.[317] Innerhalb dieser Impresa-Unternehmen verliefen zwischen dem Impresario der Gesellschaft und dem Dresdner Hof Kontrakte über einen Zeitraum von zwei bis zu fünf Jahren. Der Opernunternehmer hatte neben kleineren Verpflichtungen die zu spielenden Werke, den Regisseur und die Sänger zur Ausführung der Stücke zu stellen und erhielt dafür neben einem gewissen finanziellen Betrag die Erlaubnis, die dem Hof unterstellten Theater und Nebengebäude inklusive sämtlicher Dekorationen und Nebenleistungen nutzen zu dürfen. Auch die vom Kapellmeister geführte Hofkapelle wurde den Ansprüchen des Im-

---

[314] Fürstenau: Beiträge. S. 205.
[315] Moritz Fürstenau: Die Theater in Dresden 1763 bis 1777. In: Mitteilungen des sächsischen Altertumsvereins, Heft 17, Dresden 1867. S. 2; abgekürzt als: Fürstenau: Theater in Dresden.
[316] Prölss: Hoftheater. S. 216.
[317] Fürstenau: Theater in Dresden. S. 4.

3.4. Die Oper als subventioniertes Privattheater

presarios unterstellt.[318] Diese Form der Organisation brachte für beide Vertragsseiten ihre Vorteile: Neben einer entspannteren finanziellen Lage ergab sich für den Hof durch die Kündbarkeit der Verträge ein Druckmittel auf die angebotenen Leistungen der Darsteller. Der Impresario hingegen konnte sich ausschließlich auf die Auswahl und Führung seiner Sänger und die Bereitstellung des Notenmaterials konzentrieren, da alle weiteren Theaterbelange vom Hof geregelt wurden.[319] Zur Gesellschaft Bustellis zählte der Sopranist Michele Patrassi, der 1765 mit dieser Operngesellschaft an den Dresdner Hof kam.[320]

Mit Beginn seiner Volljährigkeit im Jahr 1768 übernahm Kurfürst Friedrich August III. die Regierung. Er blieb während seiner gesamten Herrschaft ein treuer Verehrer der italienischen Oper.[321] Im Jahr des Regierungswechsels kam der Sopranist Gasparo Pachiarotti an den Hof zu Dresden. Hier sang er in der Uraufführung anlässlich der Hochzeit des Kurfürsten[322] am 1. Februar 1769 von Naumanns Oper *La clemenza di Tito* den Sesto,[323] bevor er im gleichen Jahr die Rückreise nach Italien antrat. Die Bewilligung zur Zahlung von Rückreisegeldern an den Sänger ist in den Akten des Staatsarchivs

---

[318] Landmann: Italienische Opernpraxis. S. 25.
[319] Landmann: Entwicklungszüge. S. 394 f.
[320] Prölss: Hoftheater. S. 217.
[321] Fürstenau: Theater in Dresden. S. 6.
[322] 1769 heiratete Friedrich August III. die Pfalzgräfin Maria Amalie Auguste von Birkenfeld-Zweibrücken-Rappoltstein. Die Ehe blieb kinderlos.
[323] Hochmuth: Solisten. S. 246.

3.4. Die Oper als subventioniertes Privattheater

vermerkt.[324] Der Sängerkastrat Michele Patrassi erhielt in demselben Jahr einen Ruf an den Wiener Hof und verließ Dresden.[325] Um weitere Ersparnisse bewirken zu können, entließ der neue Kurfürst im August 1769 die französische Komödie und das Ballett, so dass die italienische Oper nun wieder die Alleinherrschaft auf musikalischem Gebiet innehatte.[326] Der Vertrag mit dem Impresario Bustelli wurde nach Ablauf seiner Frist im Jahr 1770 um weitere sechs Jahre verlängert.[327] Die Sänger Bustellis wurden dabei zur Mitwirkung beim Kirchendienst verpflichtet.[328]

Im Zuge von Missernten und daraus resultierenden Hungersnöten und Epidemien in Norddeutschland kam es 1772 auch zu einer Lähmung aller Geschäfte in Kursachsen. Einnahmen blieben aus, so dass die zur Verfügung stehenden Gelder aufgebraucht werden mussten. Die Auszahlung der Besoldungen konnte nur noch zögerlich erfolgen,[329] Gehälter wurden herabgesetzt.[330] Am Beispiel des Sängers Nicolaus Spindler kann die Herabsetzung des Gehalts in den Akten des Staatsarchivs nachvollzogen werden: „[...] *der Sänger Spindler, welcher vormals in einem jährlichen Gehalte von 800 Thlr. gestanden, wird auf 400 Thlr. herunter*[gesetzt]."[331] 1776

---

[324] Staatsarchiv Dresden. Loc. 910/02, Bl. 10: Beleg über das bewilligte Rückreisegeld an den Sänger Pacchiarotti in Höhe von 212 Thalern, 12 Groschen im Jahr 1769.
[325] Engländer: Musikgeschichte Dresdens. S. 224; Fußnote 1.
[326] Fürstenau: Theater in Dresden. S. 8.
[327] Staatsarchiv Dresden. Loc. 908/07, Bl. 2 ff.
[328] Engländer: Musikgeschichte Dresdens. S. 224.
[329] Bauer: Böhmische Musiker. S. 23.
[330] Staatsarchiv Dresden. Loc. 910/03, Bl. 299b.
[331] Staatsarchiv Dresden. Loc. 908/07, Bl. 186 f.

3.4. Die Oper als subventioniertes Privattheater

wurde der musikalische Leiter der Hofkapelle, Johann Gottlieb Naumann, zum Kapellmeister ernannt.[332] Mit ihm begann die Blütezeit der italienischen Oper im letzten Drittel des 18. Jahrhunderts.[333] In demselben Jahr lief der Subventionsvertrag mit Bustelli erneut ab; wieder erfolgte eine Verlängerung des Kontrakts um sechs Jahre. Doch bereits 1778 führte der Ausbruch des Bayrischen Erbfolgekrieges zur Kündigung der Konvention von Seiten Bustellis.[334] Mit dem Weggang des Impresarios ging vorerst die Schließung der italienischen Oper einher. Auch die Kirchenmusik hatte durch die nun fehlenden Sänger ihren Tiefstand erreicht, da nur noch der oft indisponierte Sopran Nicolaus Spindler und der Alt Giuseppe Perini den Kirchendienst versahen.[335] Salvatore Pacifico hatte vermutlich zu dieser Zeit seinen Dienst am Dresdner Hof bereits quittiert.[336] Im Jahr 1780 erfolgte mit dem Frieden im Bayrischen Erbfolgekrieg die Wiedereröffnung der italienischen Oper unter der Direktion des Impresarios Antonio Bertoldi, dem Nachfolger Bustellis. Dieser Kontrakt verlief mit mehreren Verlängerungen bis 1814 und beinhaltete eine komplette Einbindung der Sänger in den Kirchendienst.[337] Als Mitglieder der Gesellschaft Bertoldis

---

[332] Prölss: Hoftheater. S. 226.
[333] Bauer: Böhmische Musiker. S. 23.
[334] Fürstenau: Theater in Dresden. S. 9.
[335] Engländer: Musikgeschichte Dresdens. S. 226.
[336] Engländers Annahme greift auch Hochmuth auf in: Solisten. S. 247.
[337] Staatsarchiv Dresden. Loc. 908/08, Bl. 5f.; Loc. 908/09, Bl. 1 & Bl. 60; Vgl. außerdem Engländer: Musikgeschichte Dresdens. S. 228; ebenso: Fürstenau: Theater in Dresden: „*Derselbe* [Bertoldi] *blieb in diesem Verhältniß ebenfalls bis 1814 und bezog zuletzt eine Subvention von 30.000 Thlrn.*", S. 34.

3.4. Die Oper als subventioniertes Privattheater

fanden sich 1780 die Sängerkastraten Vincenzo Caselli[338], Michele Benedetti[339], Vitale Damiani[340] und Giuseppe Martini[341].
Mit der regelmäßigen Bespielung des Morettischen Opernhauses durch die Truppe Bertoldis kam es in den Folgejahren zur stetigen Verpflichtung neuer Sänger. Im April 1784 wurde der Vertrag mit dem Sopranisten Folcarelli geschlossen.[342] 1785 fanden der Sopranist Andriani[343] und der Altist Michele Cavana[344] und 1786 der Altist Sciroli[345] bei dem subventionierten Unternehmer ihre Anstellung. Ein Jahr darauf verließen die Sänger Cavana und Sciroli Dresden wieder. Die Zahlung von Rückreisegeldern an die beiden Mu-

---

[338] Staatsarchiv Dresden. Loc. 908/07, Bl. 256 & 259: *Annahme des Sängers Caselli auf vier Jahre mit 300 Ducaten oder 850 Thlr. Besoldung und 100 Thlr. Quartiergeld.*

[339] Ebd.: *Annahme des Sängers Benedetti auf vier Jahre mit 300 Ducaten oder 850 Thlr. Besoldung und 100 Thlr. Quartiergeld.*

[340] Staatsarchiv Dresden. Loc. 908/08, Bl. 21: *Engagement des Sängers Vitale Damiani mit 350 Ducaten jährlicher Besoldung und 100 Thaler zum jährlichen Quartiergeld.*

[341] Ebd.: *Engagement des Sängers Giuseppe Martini mit 350 Ducaten jährlicher Besoldung und 100 Thaler zum jährlichen Quartiergeld.*

[342] Staatsarchiv Dresden. Loc. 908/09, Bl. 51, 28.04.1784: *Vertrag zwischen dem Entrepreneur Bertoldi und dem Sänger Thomas Folcarelli auf ein Jahr mit zweyhundertundfunfzig Ducaten Gehalt, ingleichen Einhundert Thaler Quartiergeld.*

[343] Staatsarchiv Dresden. Loc. 908/09, Bl. 78 vom *5. Marti 1785: Andriani für 150 Ducaten vom Entrepreneur der Opera buffa, Bertoldi engagiert*; Bl. 107: Bertoldi erhält für vier Monate eine Besoldung von 283 Thalern 8 Groschen; Bl. 108: bereits im September 1785 werden ihm wieder Reisegelder (141 Thaler 16 Gr.) für die Rückreise nach Italien gezahlt.

[344] Ebd. Loc. 908/09, Bl. 84: *Anstellung des Sängers Michele Cavana zum Contr´Alto am 1. May mit einem Gehalt von 200 Ducaten und 100 Thalern Quartiergeld.*

[345] Ebd. Loc. 908/09, Bl. 118: Kontraktabschluss für ein Jahr von 1786: *Schieroli, mit Vierhundert Ducaten Gehalt ingleichen Einhundert Thaler Quartier Geld auf ein Jahr.* Es finden sich die Namensschreibweisen Sciroli (von den Italienern) und die wahrscheinlich eingedeutschten Formen Schiroli und Schieroli.

3.4. Die Oper als subventioniertes Privattheater

siker ist in den Akten des Staatsarchivs belegt.[346] Im gleichen Jahr erweiterte sich die Gesellschaft Bertoldis um den Sopranisten Felice Beretta.[347] Außerdem kamen in diesem Jahr zu Bertoldi der Sopranist Cavola[348], sowie die Altisten Francesco Bellaspica, Carano[349] und Nicolo de Vecchio[350] hinzu.

Am Beispiel des Altisten Bellaspica seien die zu der Zeit üblichen Anstellungsbedingungen eines Sängers aufgezeigt: Neben dem Gehalt wurden dem Kastraten bei Vertragsabschluss eine Erhöhung der Besoldung, sowie die Zahlung von Quartier- und Reisegeldern in Aussicht gestellt, wie die Unterlagen des Staatsarchivs zeigen:

„Francesco Bellaspica, zum Contr'alt, auf sechs Jahre mit Dreyhundert Ducaten Gehalt, auf die folgenden fünf Jahre aber mit Vierhundert Ducaten Gehalt. Einhundert Thaler Quartiergeld, funfzig Ducaten zur Rückreise nach Ablauf des Contracts, vom 11. August engagiert.'[351]

In dem Jahr 1787 starb der Entrepreneur Antonio Bertoldi. Alle Verträge gingen auf seinen Sohn Andrea über.[352] Die folgenden

---

[346] Staatsarchiv Dresden. Loc. 182b: *Abgang von Schiroli und Cavana am 23. Aprilis 1787.*; Bl. 199: *Zahlung von Reisegeldern wegen der Rückreise nach Italien.*

[347] Staatsarchiv Dresden. Loc. 908/09, Bl. 191: *Engagement vom 26. Octobr. 1787: Felice Beretta zum Sopran mit vierhundert Ducaten Jahres-Gehalt, einhundert Thaler jährlichem Quartiersgeld, nebst 50 Ducaten zur Anherreise und einer gleichen Summe zur Rückreise.*

[348] Prölss: Hoftheater. S. 233. Die Anstellungsdauer Cavolas wird nicht angegeben.

[349] Ebd. S. 233 Die Anstellungsdauer bleibt unbekannt.

[350] Ebd. Die Anstellungsdauer wird auch bei dem Sänger de Vecchio nicht benannt.

[351] Staatsarchiv Dresden. Loc. 908/08, Bl. 193 vom 4. Octobr. 1787.

[352] Staatsarchiv Dresden. Loc. 908/09, Bl. 186.

3.4. Die Oper als subventioniertes Privattheater

Jahre wurden durch einen Wechsel von Abgängen und Anstellungen der Sänger innerhalb der Gesellschaft Bertoldis bestimmt. 1781 verließ Martini[353] die Truppe, 1784 ging der Sänger Benedetti[354], dem 1785 Folcarelli[355] und ein Jahr darauf Damiani[356] folgten. Auch der Altist Bellaspica[357] wandte sich 1793 von der subventionierten italienischen Oper ab, während Pietro Dinni[358] hier eine Anstellung als Sopran-Sänger fand. Über die Gründe für den Abgang der benannten Sänger ließ sich in den Akten des Staatsarchivs keine Auskunft finden. Im Jahr 1794 wurde der Sängerkastrat Francesco Cibelli engagiert.[359] Vincenzo Caselli verließ den Hof ein Jahr darauf.[360] Die Kapelle war durch den Vertrag mit der Gesellschaft Bertoldi und den hier wirkenden, hochqualifizierten Sängern wieder zur Ausführung zahlreicher Opernvorstellungen befähigt. Doch neben diesen musikalischen Ereignissen begann mit dem Jahr 1791 die Pflege des deutschsprachigen Musiktheaters durch Joseph Seconda in Dresden. Seconda bespielte ohne kurfürstliche Subven-

---

[353] Staatsarchiv Dresden. Loc. 908/08, Bl. 171 f.: Der Sänger erhält seine letzte Besoldung im September 1781. Es werden ihm 50 Ducaten zur Rückreise nach Italien gezahlt.
[354] Ebd. Loc. 908/09, Bl. 65.
[355] Ebd.
[356] Ebd. Bl. 133.
[357] Ebd. Loc. 909/02, Bl. 20.
[358] Ebd. Bl. 7: Anstellung für den Sänger Pietro Dini: Er *erhält 50 Ducaten zu seiner Anreise und ebensoviel zu seiner künftigen Rückreise, einhundert Thaler jährlich Quartiergeld und fünfhundert fünfzig Ducaten im ersten Jahr, 100 Ducaten jährliche Gehaltszulage. Die Anstellung erfolgt für die folgenden fünf Jahre.*
[359] Staatsarchiv Dresden. Loc. 909/02, Bl. 75.
[360] Ebd. Loc. 909/02: Der Sänger findet sich nicht in Gehaltslisten nach 1798.

3.4. Die Oper als subventioniertes Privattheater

tionen das Theater des Linckeschen Bades auf eigene Rechnung und brachte hier jährlich von Ostern bis November deutsche Singspiele und französische Opern zur Aufführung.[361] Doch obwohl sich die kursächsische Kapelle abermals auf der Höhe ihrer Leistungen befand, wurde die finanzielle Lage des Hofes nie außer Acht gelassen, was sich an den Gehältern der Kirchenmusiker von 1794 widerspiegelte: Noch immer verdienten die Kirchensänger Spindler und Perini 400 bzw. 240 Thaler, während die Sänger der Gesellschaft Bertoldis mit 566 bis 1700 Thalern entlohnt wurden. Auch die im Kirchendienst verpflichteten Instrumentalisten erhielten jahrelang keine Gehaltserhöhungen.[362] Dennoch wurden für die italienische Oper weitere Sänger zu hohen Konditionen verpflichtet. So begann der Altist Francesco Ceccarelli zu Beginn des Jahres 1800 seinen Dienst in Dresden, wo er mit 500 Ducaten (etwa 1.416 Thaler) jährlicher Besoldung, 100 Thalern Quartiergeld und mit der Erstattung seines Reisegeldes von Italien nach Dresden in Höhe von 150 Thalern engagiert wurde.[363] Bereits im November 1800 bat der Kastrat um die Erhöhung seines Gehaltes,[364] die ihm drei Monate später mit einer Zulage von 100 Ducaten (etwa 283 Thalern) bewilligt wurde.[365] Felice Beretta und Francesco Cibelli erhielten im Anstellungsjahr Ceccarellis ihren Abgang.[366]

---

[361] Prölss: Hoftheater. S. 231.
[362] Engländer: Musikgeschichte Dresdens. S. 219.
[363] Staatsarchiv Dresden. Loc. 2427/05, Bl. 46 a+b, 47.
[364] Ebd. Bl. 5.
[365] Ebd. Bl. 13b.
[366] Ebd. Bl. 46 a+b.

3.5. Paër und die schwindende Dominanz der Italiener

Mit dem Tod des Dresdner Kapellmeisters Naumann am 23. Oktober 1801 begann die Dominanz der italienischen Oper am Dresdner Hof und die damit verbundene Herrschaft der Kastratensänger endgültig zu schwinden, auch wenn zwei bedeutende Sängerkastraten bis in die Mitte des 19. Jahrhunderts hinein in den Diensten des Dresdner Hofes standen. Im Jahr 1803 wurde Ferdinand Paër in der Nachfolge Naumanns zum Kapellmeister ernannt. Das Folgejahr brachte die Erweiterung dieses Vertrages auf Lebzeiten Paërs mit einer jährlichen Besoldung von 1.200 Thalern nebst Gratifikationen mit sich.[367] Schon im Jahr vor der Ernennung Paërs zum Kapellmeister wurden die Sopranisten Felippo Sassaroli[368] und Paolo Belli[369], sowie der Altist Franco Buccolini[370] für die italienische Oper geworben. Im Jahr 1805 begann der Altist Vincenzo Buccolini[371] seinen Dienst. Leider gelang es im Rahmen dieser Arbeit nicht, die Identität des 1802 engagierten Franco Buccolini zu klären. Aussagen zu diesem Sänger werden lediglich der Lektüre

---

[367] Prölss: Hoftheater. S. 241.
[368] Staatsarchiv Dresden. Loc. 907/04, Bl. 199&200: *Mr. Sassaroli erhält von Ostern 1802 an eine jährliche Besoldung von 500 Ducaten nebst einem Quartiergeld von 100 Thalern.*
[369] Prölss: Hoftheater. S. 242.
[370] Hochmuth: Solisten. S. 53.
[371] Staatsarchiv Dresden. Loc. 2428/02, Bl. 110: *Sänger Buccolini, auf ein Jahr vom 1.Octobr. 1805 an, erhält Tractament 500 Ducaten = 1.416 Thlr. 16 Gr. und 100 Thaler zum Quartiergeld.*

3.5. Paër und die schwindende Dominanz der Italiener

Hochmuths entnommen,[372] da sich ein Franco Buccolini im Dresdner Staatsarchiv nicht nachweisen ließ. Auch das von Prölss aus der Allgemeinen Musikalischen Zeitung übernommene Verzeichnis[373] der Kapellmitglieder von 1805 führte nur die drei Sänger Sassaroli, Belli und Ceccarelli auf. Auch der Sopranist Nicolaus Spindler ist in dem bei Prölss aufgeführten Verzeichnis nicht mehr benannt, da er bereits 1804 verstarb. Die durch den Tod des Sängers vakant gewordene Stelle wurde in den Akten des Staatsarchivs vermerkt.[374] Bis zu seinem Tod stand er in Dresdner Diensten.

Nach dem Sieg Napoleons bei Jena und Auerstedt wurde Sachsen Königreich von Napoleons Gnaden: Am 11. Dezember 1806 krönte Napoleon den Kurfürst Friedrich August III. zum König Friedrich August I. von Sachsen.[375] Der Dresdner Kapellmeister Ferdinand Paër unterstellte seine Dienste trotz seines auf Lebensdauer erweiterten Vertrages am Dresdner Hof nun dem Kaiser Napoleon.[376] Den Ersatz dieser vakanten Stelle trat Francesco Morlacchi im Jahr 1810 an. Am 26. September 1814 vereinigte der Generalgouverneur Fürst Repnin-Wolonski die italienische Oper, das deutsche Schauspiel und die Hofkapelle zur „Staatsanstalt".[377] Der Vertrag mit Andrea Bertoldi lief in diesem Jahr aus; mit dem Entrepreneur verließ

---

[372] In der herangezogenen Literatur fand sich kein Hinweis auf einen Franco Buccolini.
[373] Prölss: Hoftheater. S. 246.
[374] Staatsarchiv Dresden. Loc. 2427/07, Bl. 188 vom 17. Marti 1804: Die Stelle des mit 400 Thalern Besoldung angestellt gewesenen Sopran-Sängers Nicolaus Spindler ist durch Todesfall *vacant* geworden.
[375] Landmann: Entwicklungszüge. S. 394.
[376] Prölss: Hoftheater. S. 247.
[377] Ebd. S. 366.

3.5. Paër und die schwindende Dominanz der Italiener

Paolo Belli den Dresdner Hof.[378] Francesco Ceccarelli verstarb im gleichen Jahr. Buccolini, der die Dienste seines zunächst erkrankten und dann verstorbenen Sängerkollegen Ceccarelli hat mitsingen müssen, bat aufgrund dieser zusätzlichen Leistungen um eine Gehaltserhöhung.[379] Als ihm allerdings statt dessen eine bevorstehende Entlassung angekündigt wurde, gelang ihm mit seiner Bittschrift die Verlängerung seines Kontrakts nur unter der Bedingung einer Gehaltsverminderung.[380] Buccolini fügte sich und sein Vertrag wurde verlängert. Am 18. April 1816 wurde ein Dekret zur Gründung einer „Deutschen Oper" erlassen. Der Sopranist Sassaroli und der Altist Buccolini standen noch für den Kirchendienst zur Verfügung.[381] Zur chorischen Verstärkung der Sopran- und Altstimmen wurden nun Kapellknaben herangezogen, denen in einigen Fällen auch Solo-Partien übertragen wurden.[382] Der Sänger Sassaroli bezog zu dieser Zeit eine jährliche Besoldung von 1.716 Thalern, Buccolini erhielt 1.000 Thaler, der Kapellmeister Morlacchi bekam 1.500 Thaler.[383] Auch wenn die beiden am Dresdner Hof verbliebenen Kastratensänger noch eine angesehene und gut honorierte Stellung innehatten, wurde das Schwinden ihrer Präsenz durch die noch folgenden geschichtlichen und musikalischen Begebenheiten allzu deutlich.

---

[378] Staatsarchiv Dresden. Loc. 909/06, Bl. 38 & 201.
[379] Ebd. Loc. 15146 Vol. XIV, Bl. 115.
[380] Ebd. Bl. 258; 276.
[381] Fürstenau: Beiträge. S. 187.
[382] Staatsarchiv Dresden. Loc. 15146 Vol. XIV, Bl. 247.
[383] Fürstenau: Beiträge. S. 187.

3.6. Weber und Morlacchi – Das Königlich Sächsische Hoftheater

Am 21. Dezember 1816 wurde Carl Maria von Weber zum „Musikdirektor der Deutschen Oper" ernannt.[384] Am ersten Tag des neuen Jahres 1817 kam es zur Gründung des „Königlich Sächsischen Hoftheaters"; Heinrich Graf Vitzthum von Eckstädt wurde zum „Generaldirektor der Königlich Musikalischen Kapelle und des Hoftheaters" nominiert und die Gesellschaft von Seconda wurde dem Schauspielerensemble angegliedert.[385] Die italienische und die deutsche Oper standen sich nun rivalisierend gegenüber.[386] Zwar folgten noch Aufführungen des italienischen Departements, in denen auch der Sopran-Kastrat Sassaroli mitwirkte,[387] doch wurde die als veraltet empfundene und sehr kostspielig unterhaltene italienische Oper mehr und mehr von dem deutschen Teil des Königlich Sächsischen Hoftheaters verdrängt.[388] Die italienischen Sänger mussten für die Mitwirkung in der deutschen Oper zur Verfügung stehen.[389] Aus dem Verzeichnis der Kapellmitglieder von 1817 wird ersichtlich, dass Felippo Sassaroli als Sopranist und Vincenzo Buccolini als Altist der italienischen Oper angegliedert waren.[390] Jedoch

---

[384] Prölss: Hoftheater. S. 383.
[385] Hochmuth: Chronik. S. 102.
[386] Ebd. S. 381 ff.
[387] Beispielhaft seien hier angeführt: 19.März 1817 *Tancredi* (Rossini/Rossi nach Voltaire); 09.09.1817 *La semplicetta di irna* ((Morlacchi/?).
[388] Hans von Brescius: Die Königl. Sächs. musikalische Kapelle von Reissiger bis Schuch (1826-1898). Dresden, 1898. S. 80; abgekürzt als: Brescius: Kapelle.
[389] Prölss: Hoftheater. S. 422.
[390] Fürstenau: Beiträge. S. 187.

3.6. Weber und Morlacchi – Das Königlich sächsische Hoftheater

weisen Eintragungen in den Akten des Staatsarchivs darauf hin, dass die beiden Sängerkastraten hauptsächlich für die Ausführung der Kirchendienste eingesetzt wurden: „[...] *der Kirchensänger und Altist Buccolini.* [Sowie] *Sassaroli – Funktion Sopran, wegen der Kirche.*"[391]

Im Jahr 1818 gab der Altist Buccolini gegen seinen Willen den Dienst in Dresden auf. Obwohl die Akten des Staatsarchivs eine Herabsetzung seines Gehaltes in den vorangegangenen Dienstjahren belegten,[392] bat er dennoch in einem Schreiben um die Aufrechterhaltung seines Vertrages und bot eine nochmalige Minderung seines Gehaltes an: *„Der Contraltist Buccolini bittet um die Verlängerung seines Contractes auch für 900 Thlr. statt 1.000 Thlr. Gehalt.*"[393] Vielleicht gaben die sängerischen Leistungen des Altisten den Ausschlag dafür, dass sein Vertrag zum Ende des Aprils 1818 keine Verlängerung mehr erfuhr, denn weiterhin ist in den Akten über den Sänger zu lesen:

„Zu läugnen ist es allerdings nicht, daß demselben manches gebricht, was für die Parthien eines vollkommenen Altisten zu wünschen wäre, wie Ew. Königl. Majestät hoher Kunstkenntnis selbst vom Ersten weiß und ist."[394]

---

[391] Staatsarchiv Dresden. Loc. 15146 Vol. XIV, Bl. 276 & 258.
[392] Ebd. Bl. 115 & 137: Herabsetzung des gegenwärtigen Gehaltes von 1133 Thaler auf 1000 Thlr.; 22. Juni 1815.
[393] Ebd. Loc. 15148 Vol. I, Bl. 235.
[394] Ebd. Vol. II, Bl. 214: *Der Kirchensänger und Altist Buccolini geht mit dem letzten Lohn des Monats April d. J. zu Ende.*"

3.6. Weber und Morlacchi – Das Königlich sächsische Hoftheater

Da nun für die Gestaltung der Kirchenmusik nicht mehr ausreichend erwachsene Sopranisten und Altisten zur Verfügung standen, wurden die Kapellknaben zur Ausführung der musikalischen Gestaltung kirchlicher Dienste herangezogen und mit der Übernahme kleiner Solopartien betraut. Jedoch wies die Verrichtung der Musik durch die Kapellknaben deutliche Mängel innerhalb der Kunstfertigkeit und Virtuosität auf. Da man noch immer die Verwendung von Solistinnen beim Kirchengesang zu vermeiden suchte,[395] war man um die erneute Einstellung eines Sängerkastraten, auch in der Nachfolge Buccolinis, für den Dresdner Kirchendienst bemüht. Der Altist Giovanni Muschietti trat 1822 den Dienst als Kirchen- und Kammersänger am Dresdner Hof an. Sein Vertrag wurde für die folgenden sechs Jahre abgeschlossen. Jedoch behielt man sich bei unzureichender Leistung eine Kündigung nach bereits einem Jahr vor: „[...], *wenn er nicht anständig singen sollte, nur auf ein Jahr* [...]".[396] Zu der Auflösung seines Dienstverhältnisses kam es allerdings in den folgenden 18 Jahren nicht. Dies ist nicht ausschließlich den erbrachten Leistungen des Sängers zuzuschreiben, sondern in gleichem Maße der Tatsache geschuldet, dass die Auswahl an Sängerkastraten im ersten Drittel des 19. Jahrhunderts nur noch verschwindend gering war. Dieser Sachverhalt ist in den Akten wie folgt beschrieben:

---

[395] Brecius: Kapelle. S. 80.
[396] Staatsarchiv Dresden. Loc. 15148 Vol. IV, Bl. 222-224: Muschietti wird vom 23.10.1822 an mit einem jährlichen Gehalt von 1200 Thalern, 100 Thalern jährlichem Quartiergeld und 200 Thalern Reisegeldern als Kirchen- und Kammersänger angenommen.

3.6. Weber und Morlacchi – Das Königlich sächsische Hoftheater

„Muschiettis Alt gehört zwar nicht zu den ausgezeichnetsten Stimmen dieser Art, doch hat er Wohllaut und Kraft, und bey der Seltenheit solcher Individuen, dürfte er noch unter die besseren zu zählen sein."[397]

1830 lief der Kontrakt mit Felippo Sassaroli aus, der bis zum Dezember 1832 verlängert wurde,[398] da auch hier ein Ersatz für den Sängerkastraten nur äußerst schwer zu finden gewesen wäre und Bemühungen des Hofes in diese Richtung wenig erfolgversprechend waren, wie den Akten des Staatsarchivs zu entnehmen ist:

„Der Contract des Kirchensängers Filippo Sassaroli geht mit Ende des Monats April künftigen Jahres zu Ende. Durch den Kapellmeister Morlacchi habe ich Erkundigungen einziehen lassen, ob vielleicht ein anderer Sopran an deßen Stelle in Italien ausfindig zu machen; es hat sich aber von der Hand außer drey Subjekten, welche erst das Alter von 12. bis 14. Jahren [aufweisen], und daher sobald noch nicht zum Dienst brauchbar sind, nur ein einziger junger Mann mit Namen Leoni gefunden, der gegenwärtig in der Päpstlichen Kapelle in Rom angestellt […]; diesem sind bereits Anbietungen geschehen, aber noch keine bestimmte Antwort bis jetzt erfolgt. Allerdings würde unter diesen Umständen durch den Abgang des Sassaroli eine sehr bemerkenswerte Lücke bey dem Kirchengesang eintreten, und daher, wenn nicht Frauen, […], künftig dazugezogen werden sollen, eine Verlängerung deßen Contracts sehr wünschenswerth und nothwendig seyn, […]"[399]

---

[397] Staatsarchiv Dresden. Loc. 15149 Vol. VI, Bl. 302.
[398] Ebd. Bl. 344.
[399] Staatsarchiv Dresden. Loc. 15147 Vol. XXIII, Bl. 395 (vom 13. Dezember 1829).

3.6. Weber und Morlacchi – Das Königlich sächsische Hoftheater

Der Sopranist Sassaroli trat bereits zu Beginn des Jahres 1832 *außer Aktivität* und nahm ab Januar seine Pension in Höhe von 500 Thalern in Anspruch. Oftmals wird das in der Sekundärliteratur von Prölss[400] angegebene Entlassungsdatum des Sopranisten Sassaroli vom 30. September 1828 übernommen. Der zu diesem Zeitpunkt auslaufende Vertrag des Sopranisten wurde allerdings noch zwei Mal verlängert, wie die Akten des Staatsarchivs belegen.[401] Ein Nachfolger für Sassaroli wurde nach dessen Kontraktverlängerung 1830 dann doch noch in Italien gefunden: Als letzter Sängerkastrat des Dresdner Hofes erhielt Mosé Tarquini am 10. Januar 1830 seine Anstellung als Kirchensänger an der Katholischen Hofkirche zu Dresden mit einer jährlichen Besoldung von 1.800 Thalern.[402] Die Sänger Tarquini und Muschietti waren nach der Pensionierung Sassarolis die letzten Sängerkastraten am Dresdner Hof und wurden in den Kontraktverlängerungen auch immer gemeinschaftlich betrachtet, da *nur beide zusammen im Gesang etwas Ganzes leisten können*.[403] Doch trotz ihrer immer seltener werdenden physiologischen Sonderstellung räumte man den beiden Sängerkastraten keine vergünstigenden Konditionen mehr ein. Die Zeit, in welcher der dominierende Kastratensänger horrende Gehaltsforderungen stellen konnte und alsbald bewilligt bekam, war vorüber. Das erfuhr auch Muschietti, als er nach Ablauf seines Kontrakts die ihm

---

[400] Prölss: Hoftheater. S. 659.
[401] Staatsarchiv Dresden. Loc. 15149 Vol. VI, Bl. 354.
[402] Ebd. Loc. 15147 Vol. XXIV, Bl. 39-43.
[403] Ebd. Vol. XXIII, Bl. 395.

angebotenen neuen Bedingungen nicht annahm, um eine Erhöhung seines Gehaltes und zusätzlichen Urlaub zu erwirken. Sogleich erhielt er seine Entlassung, die er nur rückgängig machen konnte indem er angab, „[...] *daß nun die Verhältniße, welche ihn um seine Entlassung zu bitten genöthiget, sich geändert hätten, [...], daher er nun allerunterthänigst darum ansuche, ihn noch auf zwey Jahre, und unter den bisher bestandenen Bedingungen, seines bisherigen Contracts zu verlängern.*"[404] Die Engagements der beiden Sängerkastraten wurden bis zum 30. April 1841 verlängert. Muschietti verließ daraufhin die elbsächsische Metropole, um mit der ihm bewilligten Pension von 300 Thalern in sein Vaterland Italien zurückzukehren.[405] Tarquini hingegen bekam eine erneute Verlängerung seines Vertrages bis zum 30. April 1844 angeboten. Ob er den Dienst am Dresdner Hof bis zu dem angegebenen Datum noch ausführte, oder seine vereinbarte Pension in Höhe von 350 Thalern in Italien bezog, bleibt fraglich, da er im April 1841 um eine Beurlaubung zur Genesung in der italienischen Stadt Neapel bat. Neben einer ärztlichen Bescheinigung[406] findet sich in den Akten des Staatsarchivs auch das Anliegen des Sängers dokumentiert:

„*Der Kirchensänger Mosé Tarquinio hat bey mir das allerunterthänigst im Original beygefügte ärztliche Zeugnis übergeben, und um allerunterthänigste Bewilligung eines Urlaubs von vier Monaten zu einer Reise nach Neapel gebeten.*

---

[404] Staatsarchiv Dresden. Loc. 15147 Vol. XXIII. Bl. 301f.
[405] Staatsarchiv Dresden. Min. für Volksbildung 14436, Bl. 7 & Bl. 83/84: Bittgesuch Muschiettis in italienischer Sprache um die ihm zugesicherte Pension, Bl. 85.
[406] Ebd. Bl. 136.

3.6. Weber und Morlacchi – Das Königlich sächsische Hoftheater

In diesem Zeugnisse erklärt sein vieljähriger Arzt, Dr. Hedenus, daß Tarquinio im Berufe des letztverfloßenen Winters theils durch einen unglücklichen Fall auf die linke Brusthälfte mit darrauffolgender Grippe, theils aber auch durch ein gestiegenes Fieber so gelitten habe, [...], dass eine Genesung nur noch in Italien zu finden sei. '[407]

Nach Brescius kehrte der Sänger Tarquini erst im Jahr 1845 in sein Heimatland zurück.[408] Mit ihm verließ der letzte Sängerkastrat den Dresdner Hof und beendete damit eine Ära, die sich über 200 Jahre erstreckte und das Dresdner Musikleben während dieser Jahre entscheidend prägte. Die durch den Abgang der letzten Kastratensänger vakant gewordenen Besoldungen wurden nun zur Deckung der Kosten für die Anstellung der Kapellknaben genutzt.[409] Erst 1864 durften Sängerinnen als Solistinnen beim Kirchengesang eingesetzt werden.[410] Bis dahin mussten die vorgetragenen Stücke an die Fähigkeiten der jugendlichen Sänger angepasst werden. Dies geschah unter der Anleitung des Mentors der Kapellknaben. Dieser Gesangslehrer war nach Angaben Brescius` ein Neffe Tarquinis und ebenfalls Kastrat: Angelo Ciccarelli steht als trauriges Zeugnis für ein mondänes, vergangenes Zeitalter der Musikgeschichte: Als letzter bediensteter Kastrat am Dresdner Hof widmete er sich ausschließlich der Lehrtätigkeit. Seinen Gesang vernahm man nie.

---

[407] Staatsarchiv Dresden. Min. für Volksbildung 14436, Bl. 134-137 (vom 24.04.1841).
[408] Brescius: Kapelle. S. 76.
[409] Staatsarchiv Dresden. Min. für Volksbildung Nr. 14436, Bl. 7.
[410] Brescius: Kapelle. S. 76.

4. Die Anstellungsverhältnisse der Sängerkastraten am Dresdner Hof

Die Aussagen des vorangegangenen dritten Kapitels werden zur allgemeinen Übersicht in tabellarischer Form erfasst, woraus sich eine Aufstellung aller am Dresdner Hof tätigen Sängerkastraten ergibt. Diese Tabelle I[411] ordnet die Sänger chronologisch nach dem zeitlichen Beginn ihres Anstellungsverhältnisses und gibt dabei Auskunft über die Dauer des Engagements, die Stimmgruppenzuordnung und die Besoldung des jeweiligen Kastratensängers. In den nachfolgenden Kapiteln wird diese Tabelle allgemein ausgewertet, ohne auf besondere Einzelheiten einzugehen.

Ein weiterer Unterpunkt gibt eine Übersicht zu dem Repertoire der Ur- und Erstaufführungen der Dresdner Oper und der Dresdner Kirchendienste, welche durch die Mitwirkung der Kastratensänger bestimmt wurde.

---

[411] Die quellenkundliche Belegung der in der Tabelle erfassten Aussagen findet sich in den Darstellungen des 3. Kapitels und entstammt zumeist den Akten des Hauptstaatsarchivs Dresden.

4. Die Anstellungsverhältnisse der Sängerkastraten am Dresdner Hof

Tabelle I: Übersicht zu allen Kastraten am Dresdner Hof

Anstellung[412]	Entlassung[413]	Name des Kastraten	Stimmgruppe	Gehalt in Thalern[414]
1647	1680	Bontempi, Giovanni Andrea	Sopranist/Altist	1666: 1.200 1680: 1.000
1651	1675	Perandi, Marco Giuseffo	Altist/ab 1663 Kapellmeister	
01.11.1653	1681	Melani, Domenico	Sopranist	1653: 480 1654: 800 1661: 1.000
?	1654	Piermarini, Anthonio	Sopranist	600
1654	?	Melani, Nicola	Altist	480
1654	?	Melani, Vincenzo	Sopranist	?
?	1654	Donati, Giuseppe Maria	Sopranist	744
?	1656	Protogagi, Anthonio	Sopranist	744
?	1660	Jacobuti, Sefarino	Altist	744
?	1667	Marchesini, Angelo Maria	Sopranist	744
1662	†1672	Sorlisi, Bartolomeo de	Sopranist	800
1663	1678	Blasi, Antonio de	Sopranist	1.000
1663	1670	Perotti, Francesco	Sopranist	900
1663	1670	Santi, Francesco	Altist	744
1666	1680	Battistini, Gabriel Angelo de	Sopranist	1666: 800 1667: 1.000
1666	1680	Fidi, Antonio	Altist (im Chor)	1666: 800 1680: 700 1681: 991

[412] Das Jahr der Anstellung entspricht meist dem Jahr der ersten Erwähnung bzw. das Jahr der Entlassung der letzten Erwähnung.
[413] (P) ... Pension, † ... Tod des Sängers und damit Beendigung des Dienstes am Dresdner Hof im angegebenen Jahr.
[414] Das Gehalt wird als Jahresgehalt angegeben und ist teilweise mit Jahreszahlen versehen. Es ist immer ohne Quartiergeld angegeben.

4. Die Anstellungsverhältnisse der Sängerkastraten am Dresdner Hof

~1666	1697	Monna, Antonio de	Sopranist	?
1666	1680	Moran, Antonio de	Sopranist	800
1666	1680	Ruggieri, Antonio	Altist	800
1666	1680	Seppi, Paolo	Altist	600
?	1672	Pivido, Casimir	Sopranist	1.000
1685		Cechi, Domenico [Antritt der Anstellung verweigert]	Sopranist	1.300
01.01.1687	1694	della Donna, Sergio	Sopranist	600
01.01.1687	1694	Giustachini, Antonio	Altist	600
01.01.1687	1694	Grua, Carlo Luigi Pietro	Altist; Vizekapellmeister	1691: 600 1693: 1.000 (als Kapellmeister)
01.01.1687	1694	Rossi, Giuseppe	Sopranist	600
1697	1707	Benedetti, Pietro	Altist	1697: 940 1704: 1.010
1697	1707	Michaeli, Francesco	Sopranist	940
1697	1707	Scandalibeni, Filippo	Altist	1697: 646 1704: 853
1697	1707	Stella, Michael Angelo	Sopranist	1697: 1.398 1704: 1.151
01.09.1717	01.02.1720	Bernardi, Francesco („Senesino")	Sopranist - Altist	1717: 6.650 1718: 7.000
01.09.1717	01.02.1720	Berselli, Matteo	Sopranist	1717: 4.500 1719: 4.275
1717	?	Pacini	Altist	?
01.08.1718	01.02.1720	Boschi, Giuseppe Maria	Altist	3.325
1718	Aug. 1718	Berenstadt, Cajetano	Altist	2.850
20.04.1725	†1758	Pozzi, Niccolo („Niccolini")	Altist	1725: 500 1738: 700 1756: 2.000
1725	1731	Ruota, Andrea	Sopranist	500
1728	1738 (P)	Campioli, Antonio	Altist/Gesangslehrer	1728: 600 1738: 400

4. Die Anstellungsverhältnisse der Sängerkastraten am Dresdner Hof

April 1730	1764 (P)	Annibali, Domenico	Sopranist - Altist	1730: 792 1733: 1.500 1756: 2.000 1764: 1.200
April 1730	1751	Bindi, Giovanni	Sopranist	1730: 792 1740: 1.500 1743: 2.000
April 1730	1734	Pignotti, Casimiro	Altist	792
April 1730	† ~ 1756	Rocchetti, Venturio	Sopranist	1730: 792 1738: 2.000 1752: 2.400
01.06.1743	1780	Pacifico, Salvatore	Sopranist	1743: 600 1756: 800
1745	1794	Perini, Giuseppe	Sopranist/ Altist	1764: 500 1794: 240
1746	1750	Carestini, Giovanni „Cusanino"	Sopranist > Altist	?
1750	1756	Belli, Giovanni	Sopranist	1750: 1.400 1756: 2.200
18.02.1750	†1751 (P)	Salimbeni, Felice	Sopranist	1750: 2.000 1751: 4.000
1752	1756	Putini, Bartolomeo	Sopranist	2.000
1752	†1804	Spindler, Nicolaus	Sopranist	1752: 800 1779: 400
01.01.1753	†1758	Monticelli, Angelo Maria	Mezzosopranist	4.000
06.03.1753	1763	Bruscolini, Pasquale	Altist	1753: 1.500 1756: 2.000
1754	1755	Potenza, Angelo Michael	Sopranist	?
1755	1757	Tenducci, Giusto Ferdinando	Sopranist	?
1765	1769	Patrassi, Michele	Sopranist	?
1768	1769	Paccherotti, Gasparo	Sopranist	?
1779	1798	Caselli, Vincenzo	Sopranist	1779: 850 1780: 990 1795: 1.133
1780	1784	Benedetti, Michele	Altist	1779: 850 1780: 991
1780	1786	Damiani, Vitale	Sopranist	991

4. Die Anstellungsverhältnisse der Sängerkastraten am Dresdner Hof

1780	Sept. 1781	Martini, Giuseppe	Sopranist	1780: 991 1781: 1.133
28.04.1784	1785	Folcarelli, Tomaso	Sopranist	708
01.05.1785	1787	Cavana, Michele	Altist	566
Juni 1785	Sept. 1785	Andriani	Sopranist	850
1786	23.04.1787	Sciroli	Altist	1785: 566 1787: 400
04.10.1787	1793	Bellaspica, Francesco	Altist	1.133
26.10.1787	1800	Beretta, Felice	Sopranist	1787: 1.133 1788: 1.416
1787	?	Carano	Altist	?
1787	?	Cavola	Sopranist	?
1787	?	Vecchio, Nicolo de	Altist	?
1793	†April 1805	Dinni, Pietro	Sopranist	1793: 1.700 1801: 1.416
1794	1800	Cibelli, Francesco	„Kastrat"	1794: 1.700 1796: 991 1797: 1.700 1799: 1.133
1800	†1814	Ceccarelli, Francesco	Altist	1.416
1802	1814	Belli, Paolo	Sopranist/ Altist	1.416
1802	Dez. 1832 (P)	Sassaroli, Felippo	Sopranist	1802: 1.416 1813: 2.000 1814: 1.900 1816: 1.425 1831: 2.500 1832: 500
1805	30.04.1818	Buccolini, Vincenzo	Altist	1805: 1.416 1813: 1.233 1817: 1.000
06.10.1822	April 1841	Muschietti, Giovanni	Altist	1.200
10.01.1830	30.04.1844	Tarquini, Mosé	Sopranist	1.800
~1844	1847	Ciccarelli, Angelo	Gesangslehrer der Kapellknaben	

4.1. Die Dauer der Anstellungsverhältnisse

Um zusammenfassende Aussagen zu der Dauer von Anstellungsverhältnissen aller am Dresdner Hof engagierten Sängerkastraten treffen zu können, ist es nötig, die Betrachtungen hierzu in Abhängigkeit verschiedener Parameter und deren Verknüpfung untereinander zu führen. Dabei sind die sich ergebenden Aussagen nach allgemeinem und individuell gültigem Charakter hin zu unterscheiden. Da sich das Engagement von Sängerkastraten über einen Zeitraum von rund 200 Jahren erstreckte,[415] ist die Berücksichtigung geschichtlicher Faktoren und die damit einhergehende Veränderung der Parameter erforderlich. Eine Grafik (siehe S. 166, 167) stellt die Dauer der Anstellungsverhältnisse der Sängerkastraten am Dresdner Hof dar; gleichzeitig werden die herrschenden Kurfürsten, sowie einflussnehmende, geschichtliche Daten benannt. Hieraus ergeben sich folgende Schlüsse.[416]

4.1.1. Die Dauer der Anstellungsverhältnisse unter allgemeinen Gesichtspunkten

- Das Auftrittsverbot für Frauen auf der Bühne wurde auch am zunächst protestantischen Dresdner Hof übernommen. Unter dem Wirken von Schütz, Albrici, Bontempi und Perandi kam es

---

[415] Vgl. die Daten der vorliegenden Tabelle I: 1647–1847.
[416] Genauere geschichtliche Ausführungen zu den einzelnen Punkten, sowie die Namen der betreffenden Sängerkastraten sind dem 3. Kapitel dieser Arbeit zu entnehmen. Zum besseren Verständnis und zum optischen Abgleich der einzelnen Punkte sollte die Grafik auf Seite 166 & 167 hinzugezogen werden.

4.1.1. Die Dauer der Anstellungsverhältnisse unter allgemeinen Gesichtspunkten

in den folgenden Jahrzehnten zur Anstellung zahlreicher Sängerkastraten, wobei zu bemerken ist, dass zwischen den Jahren 1666 und 1680 keine weiteren Einstellungen mehr erfolgten. Das Auftrittsverbot für Frauen auf der Bühne führte als eine **Rechtssatzung mit allgemeingültigem Charakter** somit auch in Dresden zur Anstellung zahlreicher Sängerkastraten, die in weiblichen und männlichen Opernpartien, sowie zur Ausführung der Kirchendienste eingesetzt wurden, bevor im Jahr 1686 mit Margherita Salicola die erste Frau in der Oper des Dresdner Hofes auftrat.

- Mit dem Tod des Kurfürsten Johann Georg II. im Jahr 1680 und der Regierungsübernahme durch dessen Sohn Johann Georg III. kam es zur Beschränkung der Hofhaltungskosten. Dies hatte die Entlassung zahlreicher Sängerkastraten zur Folge. Der **Regierungswechsel** war hier bestimmend für eine Änderung in den Anstellungsverhältnissen der Sängerkastraten.
- Durch die Reise Johann Georg des III. nach Venedig wurde der Kunstgeschmack des Kurfürsten in dem Maße beeinflusst, dass er die Wiederbelebung einer italienischen Oper veranlasste. Somit kam es zur Einstellung neuer Sängerkastraten. Doch bereits wenige Jahre später waren die musikalischen Vorlieben des neuen Herrschers Friedrich August I., der das französische Schauspiel und Ballett favorisierte, ausschlaggebend für die Entlassung der italienischen Musiker am 5. September 1694. Der **Kunstgeschmack** des jeweiligen Herrschers führte hier zu einer Veränderung der musikalischen Situation am Dresdner Hof.

4.1.1. Die Dauer der Anstellungsverhältnisse unter allgemeinen Gesichtspunkten

- Doch sollte die Neigung des Kurfürsten im Jahr 1697 durch einen weiteren Parameter beeinflusst und verändert werden: durch den **Religionswechsel**. Infolge des Übertritts Friedrich Augusts I. zum Katholizismus bedurfte es einer Teilung der Kapelle; neue Musiker waren nunmehr vonnöten und wurden verpflichtet. Vier Sängerkastraten fanden aus diesem Grund am Dresdner Hof eine Anstellung.
- Nach dem Ausbruch des Nordischen Krieges zur Jahrhundertwende war Kurfürst Friedrich August I., der König von Polen, während des Altranstädter Friedens zur Niederlegung der polnischen Königskrone gezwungen. Sachsen befand sich aufgrund des Krieges in einer desolaten finanziellen Situation, die den Kurfürsten zur Entlassung all seiner Kapellmitglieder zwang. **Kriegerische Auseinandersetzungen** formten hier den Parameter, der sich auf die Anstellungsverhältnisse der Musiker am Dresdner Hof entscheidend auswirkte.
- Die **finanzielle Situation** des Hofes ließ bis zum Jahr 1717 keine Neueinstellungen von Sängerkastraten zu.
- Erst die zu einem familiären und politischen Ereignis verknüpfte Hochzeit des Kurprinzen führte zu einer neuerlichen Änderung der musikalischen Begebenheiten des Dresdner Hofes. In Hinsicht auf die Festlichkeiten von 1719 stimmte Friedrich August I. trotz finanzieller Bedenken den Bestrebungen seines Sohnes zu, die zur Verpflichtung eines italienischen Opernensembles führten. Der Nutzen der Hofmusik für die **politische Weiterent-**

4.1.1. Die Dauer der Anstellungsverhältnisse unter allgemeinen Gesichtspunkten

wicklung des Dresdner Hofes war der bei der im Jahr 1719 stattfindenden Hochzeit richtungweisende Parameter.[417] Somit führte das Ende der Hochzeitsfeierlichkeiten auch zur Entlassung der beteiligten Musiker und Sänger im Jahr 1720.

- Erst zehn Jahre darauf (im Jahr 1730) kam es wieder zu einer gehäuften Anstellung von Sängerkastraten, die unter zwei Gesichtspunkten stattfand: die **Affinität** des kurprinzlichen Paares **zur italienischen Oper** verband sich mit **finanziellen Erwägungen** in Bezug auf die zukünftigen Gehaltsforderungen der italienischen Sänger, die man möglichst gering zu halten suchte. Aus diesen Überlegungen heraus ergab sich die Ausbildung vier junger Sängerkastraten für Dresdner Dienste, die gemeinsam mit ihrem Mentor zu günstigen Konditionen an den Dresdner Hof verpflichtet wurden.[418]
- Im Jahr 1733 führte erneut ein **Regierungswechsel**[419] zu veränderten musikalisch-künstlerischen Einflüssen am Dresdner Hof: Mit dem Tod August des Starken begann die Herrschaft Friedrich August II. und die erneute Berufung Johann Adolf Hasses in die elbsächsische Metropole. Der neue Kurfürst unterband sämtliche französische Einflüsse und gab damit der Alleinherrschaft der ita-

---

[417] Vgl. dazu 3.2. dieser Arbeit.
[418] Vgl. dazu 3.2. dieser Arbeit.
[419] Vgl. dazu die Regierungsübernahme durch Johann Georg III. im Jahr 1680, die eine deutliche Veränderung der musikalischen Situation am Dresdner Hof mit sich brachte.

4.1.1. Die Dauer der Anstellungsverhältnisse unter allgemeinen Gesichtspunkten

lienischen Musik ihre Rechtfertigung. Während der fast 30-jährigen künstlerischen Leitung Hasses kam es zu zahlreichen Engagements italienischer Sängerkastraten.[420]

- **Kriegerische Auseinandersetzungen** im Verlauf des Siebenjährigen Krieges (1756–1763) und die damit einhergehende **finanzielle Belastung** der Staatskassen führten wiederum[421] zur Auflösung der italienischen Oper und damit zur Entlassung einer Vielzahl von Sängerkastraten.
- Erst im Rahmen der **subventionierten Theaterunternehmen** kam es zur Wiederbelebung der italienischen Oper. Besonders unter der Leitung des Direktors Antonio Bertoldi wurden italienische Sängerkastraten in Dresdner Diensten verpflichtet. Nach dem Tod des Direktors im Jahr 1787 gingen alle Subventionsverträge auf seinen Sohn Andrea Bertoldi über, unter dessen Leitung es zu Anstellungen als auch zu Abgängen von Sängerkastraten kam.[422] Als im Jahr 1814 der Vertrag mit Andrea Bertoldi endete, mussten mehrere der Sängerkastraten den Hof verlassen. Lediglich die zwei Sänger Buccolini und Sassaroli wurden zur Ausführung des Kirchendienstes übernommen. Vergleicht man die Anstellungsdauer der Sängerkastraten, die vor dem Siebenjährigen Krieg am Dresdner Hof beschäftigt waren mit der Anstellungsdauer derer,

---

[420] Siehe grafische Darstellung S. 166 f.
[421] Vgl. dazu die Entlassung im Jahr 1707 infolge des Frieden von Altranstädt im Nordischen Krieg.
[422] Vgl. grafische Darstellung S. 166 f.

die im Rahmen des subventionierten Privattheaters ihr Engagement in Dresden fanden, wird deutlich, dass sich die Dauer des Dienstes in Dresden von durchschnittlich 15 auf durchschnittlich 8 Jahre reduzierte.

- Mit dem **Aufleben der deutschen Oper** unter Carl Maria von Weber[423] ging der Untergang der kostspieligen italienischen Oper einher. Die noch am Dresdner Hof verbliebenen Sängerkastraten wurden nur noch im Kirchendienst eingesetzt und für diesen engagiert. Mit der zunehmenden Seltenheit von Kastraten im 19. Jahrhundert und dem allgemein veränderten Kunstgeschmack war die Dauer des Engagements dieser Sänger im Jahr 1844 mit dem Abgang Tarquinis endgültig beendet.

4.1.2. Die Dauer der Anstellungsverhältnisse unter individuellen Gesichtspunkten

Da es im Rahmen dieser Arbeit leider nicht möglich ist, alle individuellen Parameter, welche die Dauer des Anstellungsverhältnisses eines Sängers beeinflusst haben, aufzuführen, werden im Folgenden aus der Gesamtheit der Fakten und der am Dresdner Hof angestellten Sänger nur einzelne Begebenheiten und Personen beispielhaft herausgegriffen.

Ausschlaggebend für die Dauer des Engagements war sicher zu jeder Zeit die individuelle **stimmliche, stimmtechnische und virtuose Leistung** eines Sängers. So behielt sich der Dresdner Hof bei der

---

[423] Vgl. 3.6. dieser Arbeit.

4.1.2. Die Dauer der Anstellungsverhältnisse unter individuellen Gesichtspunkten

Neuanstellung eines Sängers auch vor, diesen vor Ablauf der vereinbarten Frist kündigen zu können, wenn die gewünschten sängerischen Leistungen nicht erbracht würden. Bei dem Vertragsabschluss mit dem Sänger Muschietti wurde die Dienstzeit auf sechs Jahre festgelegt, jedoch die folgende Bedingung angefügt: „[...] *wenn er nicht anständig singen sollte, nur auf ein Jahr* [...]".[424] Die Dauer zur Verlängerung eines bestehenden Vertrages wurde ebenfalls von der erbrachten Leistung abhängig gemacht. So behielt sich der Hof nach Ablauf des Vertrages mit dem Sänger Tarquini vor, aufgrund der bisher dargebotenen sängerischen Fähigkeit das Engagement des Kastraten entweder um drei oder um sechs Jahre zu verlängern.[425] Andererseits konnte auch ein sehr gutes sängerisches Potential zum vorschnellen Ende des Engagements eines Sängers beitragen, indem dieser beispielsweise von einem anderen Fürstenhof abgeworben wurde, wie es nach der Hochzeit im Jahr 1719 mit dem berühmten Sänger Bernardi „Senesino" geschah.[426]

Ein weiterer Kastrat, der Sänger Domenico Annibali, sei hier seiner hochvirtuosen Fähigkeiten wegen beispielhaft angeführt. Von ihm wurde berichtet:

---

[424] Staatsarchiv Dresden. Loc. 15148 Vol. IV, Bl. 222-224.
[425] Staatsarchiv Dresden. Min. für Volksbildung Nr. 14432, Bl. 229-234.
[426] Erinnert sei hier an Streit zwischen den italienischen Sängern (Bernardi, Berselli u.a.) und dem Kapellmeister Heinichen, der Anlass zur Kündigung der Sängerkastraten gab. Bernardi initiierte hierbei einen Zwist, womöglich um die Entlassung zu provozieren und an die Londoner Oper wechseln zu können. Vgl. dazu: Fürstenau: Geschichte der Musik. II, 153, Kahl: Selbstbiographien. S. 122; Auch der Sängerkastrat Michele Patrassi verließ den Dresdner Hof, um 1769 dem Ruf als Primo uomo in der Opera buffa nach Wien zu folgen. In: Engländer: Musikgeschichte Dresdens. S. 224, Fußnote 1.

4.1.2. Die Dauer der Anstellungsverhältnisse unter individuellen Gesichtspunkten

Der Sänger Domenico Annibali,
Ölgemälde von Anton Raphael Mengs, 1752.

4.1.2. Die Dauer der Anstellungsverhältnisse unter individuellen Gesichtspunkten

„*Domenico hatte eine der schönsten Sopranstimmen, die ich jemals gehört habe. Sie war völlig, durchdringend, und rein intoniert.*"[427]

Fürstenau schrieb über diesen Sänger:

„*Annibali erlangte sehr bald einen bedeutenden Ruf. [...] Die Rollen, welche Hasse in großer Anzahl für ihn geschrieben, lassen ihn als wohlgeschulten Sänger mit großem Umfang der Stimme (bis in 's f''') und vorzüglicher Coloratur erkennen.*"[428]

Geht man von den Partien aus, die Annibali während seines Dresdner Engagements darbot, zeigt sich, dass es sich hierbei vorwiegend um Titelpartien oder um Rollen des Primo – oder Secondo uomo handelte. Die von ihm gesungen Opernarien bedurften zur befriedigenden Ausführung einer belcantistischen Technik, großer Virtuosität, intonatorischer Sicherheit und rhythmischer Präzision.[429] Aufgrund der von ihm gesungen Literatur und der vorliegenden Berichte kann also darauf geschlossen werden, dass Domenico Annibali zu den ausgezeichneten, hochvirtuosen Sängern seiner Zeit zu zählen ist. Er war für 34 Jahre am Dresdner Hof engagiert. Anders stellt sich die Situation des Altisten Vincenzo Buccolini dar: Er musste den Hof im Jahr 1818 nach 13-jähriger Dienstzeit verlassen, obwohl er um Verlängerung seines Vertrages bat und dafür eine weitere Herabsetzung seines bis dahin schon minimierten

---

[427] Kahl: Selbstbiographien. S. 125 f.
[428] Fürstenau: Geschichte der Musik. II, S. 166 f.
[429] Vgl. Mücke: Hasse. S. 209.

4.1.2. Die Dauer der Anstellungsverhältnisse unter individuellen Gesichtspunkten

Domenico Annibali in der Oper „Ipermestra" von J. A. Hasse, Federzeichnung 1751.

Gehaltes anbot.[430] Seine sängerische Leistung wurde im Jahr seiner Entlassung wie folgt beschrieben:

„Zu läugnen ist es allerdings nicht, daß demselben manches gebricht, was für die Parthien eines vollkommenen Altisten wohl zu wünschen wäre. [...] Auf der anderen Seite [...] ist Buccolini bereith in den meisten Messen und anderen Parthien der Kirchenmusik so mitsingen, daß seine musikalische Erfahrung einen großen Theil seiner Mängel reichlich ersetzt."[431]

Eine Abhängigkeit zwischen der sängerischen Leistung und der Dauer des jeweiligen Anstellungsverhältnisses liegt in Ansehung der vorausgegangen Beispiele vor. Neben den sängerischen Leistungen und in Abhängigkeit zu diesen entschieden auch die **finanziellen Forderungen** der einzelnen Sänger, ob und wie lange es zu einem Vertragsverhältnis kam. So erhielt der Kastrat Muschietti, der sich mit den Bedingungen seiner Vertragsverlängerung nicht einverstanden zeigte und auf eine Gehaltserhöhung hoffte, sofort seine Kündigung und konnte diese nur

---

[430] Vgl. dazu 3.6. und Tabelle I dieser Arbeit.
[431] Staatsarchiv Dresden. Loc. 15148 Vol. II, Bl. 214.

4.1.2. Die Dauer der Anstellungsverhältnisse unter individuellen Gesichtspunkten

aufhalten, indem er sich gewillt zeigte, sein Engagement zu den bisherigen Bedingungen weiterzuführen.[432]
Hingegen scheute man sich knapp 90 Jahre zuvor nicht, den berühmten Sopran-Kastraten Francesco Bernardi seinen Forderungen gemäß mit einer Jahresgage von 6.650 Thalern an den Dresdner Hof zu engagieren und dieses Gehalt ein Jahr darauf noch auf 7.000 Thaler zu erhöhen.[433] Seinen Weggang nach London konnte man leider nicht verhindern.[434] Bei dem Engagement und der finanziellen Honorierung Bernardis spielte der **Grad der bereits erworbenen Anerkennung** des Sängers eine erhebliche Rolle:

„Francesco Bernardi, genannt Senesino, [...], Castrat, war damals einer der berühmtesten Mezzo-Sopranisten. Er besaß eine helle, durchdringende Stimme, mit besonderer Biegsamkeit und eine seltene Kehlvirtuosität und war zugleich ein vortrefflicher Schauspieler."[435]

Auch das Engagement Felice Salimbenis nach Dresden wurde sicherlich durch dessen Bekanntheitsgrad befördert.[436] Denn obwohl das gesundheitliche Leiden des ehemaligen Porpora-Schülers bekannt war, führten seine Berühmtheit und die Überzeugungskraft seiner stimmlichen Fähigkeiten zur Anstellung des bis dahin in preußischen Diensten stehenden Sopranisten.

---

[432] Vgl. dazu Kapitel 3.6.; ebenso: Staatsarchiv Dresden. Loc. 15147 Vol. XXIII, Bl. 301 f.
[433] Vgl. dazu Tabelle I dieser Arbeit.
[434] Kahl: Selbstbiographien. S. 121.
[435] Fürstenau: Beiträge. S. 121.
[436] *„Felice Salimbeni, ein [...] berühmter Sopransänger"* in: Fürstenau: Beiträge. S. 140.

4.1.2. Die Dauer der Anstellungsverhältnisse unter individuellen Gesichtspunkten

Der Kastrat Felice Salimbeni, Stich von G. F. Schmidt, 1751.

Bereits ein Jahr nach seinem Dienstantritt in Dresden wurde ihm eine Pension in Höhe von 4.000 Thalern (!) zugesichert. Salimbeni verstarb im gleichen Jahr.[437] Aufgrund der Vielzahl der Sängerkastraten, die in einem Zeitraum von annähernd 200 Jahren am Dresdner Hof tätig waren und von denen ein jeder seinen individuellen Weg des Engagements bestritt, erweist es sich als schwierig, einen vereinheitlichenden Faktor für die Dauer der Anstellungsverhältnisse zu Grunde zu legen. Ein geschichtlicher Einschnitt, der die Anstellungsdauer der Sängerkastraten am Dresdner Hof auf durchschnittlich 47% der vorherigen Dienstdauer reduzierte, ist der Beginn des subventionierten Theaterunternehmens. Die Art der Führung eines subventionierten Privattheaters, die künstlerische Belange weitgehend unabhängig vom Hof treffen konnte, ist wahrscheinlich für diesen häufigen Wechsel innerhalb des Sängerensembles verantwortlich zu machen. Lässt man die persönlichen Belange der einzelnen Sänger außen vor, ergeben sich folgende Bedingungen, welche die Dauer der Anstellungen beeinflussten:

---

[437] Staatsarchiv Dresden. Loc. 907/05, Bl. 233b. Vgl. auch Tabelle I dieser Arbeit.

4.1.2. Die Dauer der Anstellungsverhältnisse unter individuellen Gesichtspunkten

- allgemeine Rechtssatzungen
- der allgemein vorherrschende Geschmack der Zeit
- Regierungswechsel und individueller Kunstgeschmack des jeweiligen Herrschers
- Religionswechsel
- kriegerische Auseinandersetzungen und damit einhergehende Belastung der Staatskassen
- politische und finanzielle Erwägungen, sowie die stimmlichen Leistungen eines jeden Sängers
- finanzielle Vorstellungen und Forderungen des einzelnen Sängers
- als auch der Grad der Bekanntheit eines Sängers

Das kürzeste nachweisbare Anstellungsverhältnis eines Sängerkastraten am Dresdner Hof währte, wie im Fall der Sänger Martini, Andriani und Cavana, vier Monate; das längste Engagement betraf den Sänger Nicolaus Spindler, der 52 Jahre am Dresdner Hof angestellt war.[438]

---

[438] Ob der Sänger Giuseppe Perini den Aussagen Michael Hochmuths gemäß bis 1812 in der Italienischen Oper eingesetzt wurde und damit 67 Jahre in Dresdner Diensten gestanden hätte, konnte durch die vorliegenden Akten des Dresdner Staatsarchivs bisher leider nicht bestätigt werden.

4.2. Die Gehälter der Kastraten

Wie sich aus der Tabelle I dieser Arbeit entnehmen lässt, erhielten die einzelnen Kastratensänger während ihrer fast zweihundertjährigen Wirkungsgeschichte am Dresdner Hof ein jährliches Gehalt, das zwischen 240[439] und 7.000[440] Thalern lag. Diese Schwankungen unterliegen verschiedenen Ursachen, die es in dem vorliegenden Kapitel unter Heranziehung einzelner Beispiele zu betrachten gilt. Des Weiteren sollen die Gehälter der Sängerkastraten mit denen anderer Musiker am Dresdner Hof verglichen werden, um zu einer zusammenfassenden Aussage gelangen zu können.

4.2.1. Gehälter in Abhängigkeit verschiedener Parameter

Die Gehälter der Sängerkastraten sind über die Jahrhunderte von verschiedensten Parametern abhängig gewesen:

- **Geschichtliche Ereignisse** wie beispielsweise Kriege führten entweder zur völligen Auflösung der Italienischen Oper und damit zur Entlassung von Sängern,[441] oder brachten eine starke Reduzierung der vereinbarten Gehälter mit sich. So geben die Akten des Staatsarchivs einen Eindruck der finanziellen Situation um

---

[439] Giuseppe Perini erhielt 1794 ein jährliches Gehalt von 240 Thalern. Siehe Staatsarchiv Dresden. Loc. 909/02, Bl. 41.
[440] Francesco Bernardi erhielt 1718 ein jährliches Gehalt von 7.000 Thalern. Siehe Staatsarchiv Dresden.
[441] Vgl. 4.1. dieser Arbeit: Nach dem Ende des Siebenjährigen Krieges kam es 1763 zur Auflösung der Italienischen Oper.

4.2.1. Gehälter in Abhängigkeit verschiedener Parameter

1704: Zur Jahrhundertwende kam es zum Ausbruch des Nordischen Krieges, der Sachsen in eine desolate finanzielle Lage stürzte, die Jahre andauerte. Die Gehälter der Musiker, die noch am Dresdner Hof verblieben waren, wurden herabgesetzt oder konnten gar nicht ausgezahlt werden. In den Akten des Staatsarchivs wurde aufgelistet, wie viel Thaler der zu zahlenden Besoldung ein Musiker bereits erhalten und wie viel er noch zu bekommen hatte. So ist beispielsweise zu lesen: „*Altist Scandalibeni: Summa der Forderung 1.551 Thlr. 12 Gr. // Summa der accordierten Bezahlung 593 Thlr. 11 Gr.*"[442] Die Teilauszahlung der Gehälter betraf zahlreiche weitere Sänger.[443] Auch nach Ende des Siebenjährigen Krieges im Jahr 1763 kam es zu einer Herabsetzung des gesamten Kapelletats.[444]

---

[442] Staatsarchiv Dresden. Loc. 32623, Bl. 34b.
[443] Ebd. Bl. 7b: *Der Sopranist Francesco Michaeli soll haben 2025 Thaler/hat empfangen 1.015 Rest 1010/Altist Philipp Scandalibeni soll haben 1625 Thaler/hat empfangen 771 Thlr. 10 Gr. Rest 853 Thlr. 14 Gr./Sopranist Michael Angelo Stella soll haben 2700 Thlr./hat empfangen 1.548 Thlr. 12 Gr. Rest 1151 Thlr. 12 Gr.*; Bl. 34b: *Sopranist Michaeli: Summa der Forderung 1.235 Thlr./Summa der accordierten Bezahlung -/Sopranist Stella Summa der Forderung 1551 Thlr. 12 Gr./Summa der accordierten Bezahlung 725 Thlr. 18 Gr.*; Bl. 53 *Capell und Cammer Musici, biß mit ultimo Decemb: 1704 an Besoldung zu fordern haben: 1.010 Thlr. der Sopraniste Francesco Michaeli/853 Thlr. 14 Gr. der Altiste Scandalibeni/1.151 Thlr. 12 Gr. der Sopraniste Mih: Ang: Stella.*; Bl. 58b: rückständige Besoldung bis Ostern 1707: *Altiste Filippo Scandalibeni: Summa der ganzen Forderung 1.353 Thlr. 14 Gr.*; Bl. 79: rückständige Besoldung 4. Febr: 1708: *der Altiste Scandalibeni: Summa der Forderung entspricht dem ausgezahlten Betrag von 1.353 Thlr. 14 Gr.*; Bl. 78b: *Summa der Forderung entspricht dem ausgezahlten Betrag von 1.601 Thlr. 12 Gr.*
[444] Prölss: Hoftheater. S. 212.

4.2.1. Gehälter in Abhängigkeit verschiedener Parameter

- War die finanzielle Situation des Dresdner Hofes stabil, kam es im Rahmen von **Hoffestivitäten** teilweise zur Auszahlung immenser Gehälter, was beispielsweise die Einkommen der für die Fürstenhochzeit 1719 engagierten Sängerkastraten zeigen: Der berühmte Mezzosopranist Francesco Bernardi erhielt im Gründungsjahr der Italienischen Oper[445] 1717 ein Engagement mit einer jährlichen Besoldung von 6.650 Thalern; im darauffolgenden Jahr wurde sein Einkommen um weitere 350 Thaler auf 7.000 Thaler erhöht wurde.[446] Der Sopranist Matteo Berselli bekam 4.500 Thaler[447], der Altist Giuseppe Maria Boschi erhielt 3.325 Thaler.[448] Damit lag allein die Summe der Besoldungen der drei Sänger Bernardi, Berselli und Boschi mit 14.475 Thalern bei ähnlichem Geldwert weit über dem gesamten Kapelletat (12.000 Thaler) des Jahres 1697. Da die Zahlung von Gehältern, wie sie 1717 erfolgte, einzigartig während der gesamten Wirkungszeit von Sängerkastraten am Dresdner Hof war, muss man davon ausgehen, dass die Bewilligung dieser Zahlungen sicherlich nur im Hinblick auf eine eingeschränkte Dauer des Engagements erfolgte. So war der Hof in der nachfolgenden Zeit durchaus bestrebt, bei der erneuten Einstellung von Sängerkastraten deren Besoldungen wesentlich geringer zu halten. Im Jahr 1733 wurden die Sänger Annibali, Bindi, Pignotti und Rocchetti mit einem

---

[445] Die Gründung der Italienischen Oper des Jahres 1717 erfolgte auch im Hinblick auf die bevorstehende Hochzeit des Jahres 1719. Vgl. dazu Kapitel 3.2. dieser Arbeit.
[446] Staatsarchiv Dresden. Loc. 907/03, Bl. 37.
[447] Ebd.
[448] Ebd. Bl. 60.

4.2.1. Gehälter in Abhängigkeit verschiedener Parameter

durchschnittlichen Jahreseinkommen von 800 Thalern, also mit rund einem Fünftel der 1717 gezahlten Gehälter vergütet.

- Sicher formte nicht allein die genealogische und politische Bedeutung der 1719 stattfindenden Hochzeit die Höhe der reichlichen Gehälter. Ebenso wirkten sich die horrenden Gehaltsforderungen der Sänger mitbestimmend auf das zu zahlende Honorar aus, welches aufgrund hervorragender **sängerischer Leistungen** und eines hohen **Berühmtheitsgrades** der Kastraten nicht abgelehnt werden konnte.[449]

- Die **gesundheitliche Konstitution** der einzelnen Sänger nahm auch Einfluss auf die Gehaltsbildung. So wurde dem kränkelnden, aber berühmten Salimbeni, der mit einem Jahresgehalt von 2.000 Thalern Anstellung fand,[450] eine doppelt so hohe Pension in Höhe von 4.000 Thalern zugesichert. Die Zahlung einer Pension in dieser Höhe ist durchaus ungewöhnlich und erfolgte eventuell in Anbetracht des angegriffenen Gesundheitszustandes des Sängers. Salimbeni konnte diese Pension nur wenige Monate beziehen, da er bereits auf dem Weg in sein Heimatland Italien an seiner Krankheit verstarb.[451] Im Regelfall wurde die Pension in einer Höhe festgelegt, die deutlich unter dem vorherigen Gehalt lag. Beispielhaft hierfür sei der Sopranist Sassaroli angeführt, dem nach einem mit ca. 2.000 Thaler jährlich vergüteten Dienst eine Pension in Höhe von 500 Thalern zugesprochen wurde.

---

[449] Beispiele hierzu finden sich unter 4.1.2. dieser Arbeit.
[450] Staatsarchiv Dresden. Loc. 907/07, Bl. 10.
[451] Fürstenau: Geschichte der Musik. II, S. 266.

4.2.1. Gehälter in Abhängigkeit verschiedener Parameter

Anders als bei Salimbeni wurde mit dem erkrankten Ceccarelli, *welcher seine Stimme fast verlohren*[452], verfahren: Ihm wurde erst das Gehalt herabgesetzt[453] und dann mit Entlassung gedroht. Kurz darauf verstarb der Altist.[454] Ähnlich erging es dem Sänger Nicolaus Spindler, dessen Lohn um die Hälfte gekürzt wurde,[455] da er *meistens krank* sei und *dessen Stimme ohnehin die Höhe verlieret*.[456] Um Ersparnisse bei dem Etat der Kirchen- und Opernmusik zu rechtfertigen, wurde ebenfalls dem Sänger Paolo Belli, *welcher ohnehin seit einiger Zeit über Abnahme seiner Gesundheit klagt, und daher nur selten Solos singen kann*[457], das Einkommen herabgesetzt. Auch der Altist Muschietti musste einsehen, dass trotz angegriffener Gesundheit weder ein Beurlaubung, noch eine Gehaltserhöhung gefordert werden konnte. Seine Bittstellung ist wie folgt dokumentiert:

„*In alleruntertänigster folgender Bittstellung hat Ew. Königl. Majestät Kirchensänger Giovanni Muschietti, unter dem Anführen, daß er um seine Gesundheit wieder herzustellen, und sich seinem Dienst dann umso eifriger zu ergeben, eine starke Kur brauchen müsste, und sich daher genöthigt sah, Ew. Königl. Majestät um die Gnade anzuflehen, ihm eine allergnädigste Gratifikation zu bewilligen.*"[458]

---

[452] Staatsarchiv Dresden. Loc. 15146 Vol. XIV, Bl. 97.
[453] Staatsarchiv Dresden. Loc. 909/06, Bl. 38.
[454] Staatsarchiv Dresden. Loc. 15146 Vol. XIV, Bl. 115.
[455] Staatsarchiv Dresden. Loc. 910/03, Bl. 299b: *Herabsetzung des Gehaltes von vormals 800 Thaler auf 400 Thaler jährlich.*
[456] Engländer: Musikgeschichte Dresdens. S. 203.
[457] Staatsarchiv Dresden. Loc. 15146, Bl. 97b.
[458] Staatsarchiv Dresden. Loc. 15148 Vol. V, Bl. 352-354.

4.2.1. Gehälter in Abhängigkeit verschiedener Parameter

Doch stattdessen wurde vom Hof eher eine vorzeitige Auflösung des bestehenden Vertrages in Betracht gezogen:

„[...] *so scheint es der Sache angemessen, eine Verlängerung der Dienstverhältnisse Muschiettis auf nicht viel über diesen Zeitraum hinaus sich erstarken zu lassen. [...] Ein Reiseurlaub nach Italien [...] dürfte jedoch allzu großer Störung im Dienst eben so wenig zulässig sein als eine Anhebung seines Gehalts um 400 Thlr. jährlich, seinen Leistungen ganz und gar nicht angemessen erscheint,* [...]."[459]

Ob einem anderen Sänger, dem Sopranisten Mosé Tarquinio, eine Reise nach Neapel zur Wiederherstellung seiner Gesundheit nach dessen Bittstellung genehmigt wurde, konnte nicht herausgefunden werden. Tarquinio legte sogar eine ärztliche Bescheinigung vor, die unter Aufzählung seiner Leiden bestätigte, dass er nur in seinem Heimatland gesunden und zu Kräften kommen könne.[460] Eine Gehaltsminderung hatte die Bitte um Urlaub dieses Sängerkastraten, der als letzter seiner Art am Dresdner Hof sang, wohl nicht zur Folge.[461]

Im Rahmen dieser Arbeit ist es leider nicht möglich, auf die persönlichen Begebenheiten und Hintergründe der Anstellungsverhältnisse der Sänger einzugehen. Jedoch ließen sich auch in diesem Kapitel Bedingungen benennen, welche die Höhe der jeweiligen Gehälter mitbestimmten. Es ergaben sich folgende Faktoren:

---

[459] Staatsarchiv Dresden. Loc. 15149 Vol. VI, Bl. 302-304.
[460] Staatsarchiv Dresden. Min. für Volksbildung Nr. 14436, Bl. 136.
[461] Vgl. hierzu: Staatsarchiv Dresden. Ebd. Bl. 53.

4.2.2. Die Gehälter der Sängerkastraten im Vergleich

- finanzielle Situation des Hofes
- geschichtliche und politische Ereignisse
- Feste und Feierlichkeiten bei Hofe
- sängerische Leistung unter Beachtung der gesundheitlichen Konstitution
- Berühmtheitsgrad und daraus resultierende Gehaltsforderungen der Sänger

4.2.2. Die Gehälter der Sängerkastraten im Vergleich zu Gehältern anderer Musiker am Dresdner Hof

Betrachtet man die Gehälter der Sängerkastraten[462] lässt sich zunächst feststellen, dass das Einkommen der Sänger und der anderen Musiker nicht allein aus dem jährlichen Gehalt bestand, sondern durch zusätzliche Zahlungen wie monatliches Quartiergeld[463], Gratifikationen[464], Kost-[465] und Reisegelder[466], sowie durch weitere diverse Zulagen ergänzt wurde.[467] Fürstenau bestätigt diese Aussagen:

---

[462] Grundlage hierbei bilden vorwiegend die Angaben aus den Akten des Staatsarchivs Dresden, die im nachfolgenden Fußnotentext einzeln benannt werden.

[463] Quartiergeld erhielten beispielsweise Vincenzo Buccolini (Loc. 383/08, Bl. 8b; Loc. 2428/02, Bl. 133b), Vincenzo Caselli (Loc. 908/07, Bl. 256), Felippo Sassaroli (Loc. 383/08, Bl. 8b; Bl. 199; Loc. 909/06, Bl. 48) und viele weitere Musiker.

[464] Eine Gratifikationszahlung erhielten beispielsweise Felippo Sassaroli (Loc. 15146 Vol XIV, Bl. 97 & Bl. 135b) und Angelo Maria Monticelli (Loc. 907/05, Bl. 239).

[465] Kostgeld erhielten beispielsweise Sergio della Donna (Loc. 13542/48, Lage 4, Bl. 1) und Nicolo Pozzi (Loc. 907/04, Bl. 62).

[466] Reisegelder erhielten beispielsweise Gasparo Pacchiarotti (Loc.910/02, Bl. 10 & Bl. 43), Sciroli (Loc. 908/09, Bl. 133), Francesco Bellaspica (Loc. 908/08, Bl. 193).

[467] Die Zahlung von Zulagen findet sich z.B. bei Domenico Annibali (Loc. 907/05, Bl. 30), Pasquale Bruscolini (Loc. 907/05, Bl. 2) und Vincenzo Caselli (Loc. 908/08, Bl. 59).

4.2.2. Die Gehälter der Sängerkastraten im Vergleich

„Außer ihrem Gehalte hatten diese Künstler noch mancherlei Begünstigungen, wie freie Wohnung, Kost, Licht, Heizung oder doch Vergütung dafür."[468] In vielen Fällen beinhaltete ein Vertrag auch die Zahlung von Pensionsgeldern im Anschluss an einen beendeten Dienst.[469] Des Weiteren erhielten einige der am Dresdner Hof bediensteten Sänger wertvolle Geschenke, Ländereien oder andere Annehmlichkeiten, wie z. B. eine Mietkutsche.[470] Lässt man die durch die bereits erwähnten Parameter zurückzuführenden Schwankungen innerhalb der Verdienste von Sängerkastraten außen vor und vergleicht einen ungefähren Mittelwert der Kastratengehälter mit dem Einkommen anderer Sänger, Instrumentalisten und Hofkapellmeister, zeigen sich folgende Ergebnisse:[471]

---

[468] Fürstenau: Geschichte der Musik II, 106.
[469] Die Zahlung von Pensionen erfolgte z. B. an Antonio Campioli (Loc. 907/04, Bl. 124), Bartolomeo Putini (Loc. 907/05, Bl. 236), Felippo Sassaroli (Vol. 15148 Vol IV, Bl. 504ff.) und Mosè Tarquinio (Loc. 15149, Bl. 229-234).
[470] Staatsarchiv Dresden. Loc. 907/03, Bl. 79 vom 1. Februar 1719: *Bewilligung einer Mietkutsche den italienischen Operisten Senesino und Berselli*. Bei der Verteilung von Kleinodien an Kapellmitglieder erhielt der Domenico Melani zu Weihnachten 1677 einige silberne Teller. Bartolomeo Sorlisi war Besitzer des Ritterguts Schmiedefeld und Dippoldiswalde. Der Kurfürst vermittelte ihm sogar die Erwerbung des Reichsadels. Fürstenau: Geschichte der Musik. I, S. 147, S. 13.
[471] Die Tabelle II zeigt das Jahreseinkommen der einzelnen Künstler in Thalern an, wobei ein Mittelwert der Gehälter innerhalb einer Gruppe angegeben wird. Angeführt werden hier nur die Durchschnittsgehälter der italienischen Musiker, die über denen der deutschen lagen.

4.2.2. Die Gehälter der Sängerkastraten im Vergleich

Tabelle II: Durchschnittsgehälter von Musikern in Dresden

Jahr	Kastraten	Kapellmeister	Weitere Sänger	Instrumentalisten
1666[472]	~ 800	~ 1028	~ 470	~ 400
1680[473]	~ 766	~ 850	~ 700	~ 400
1691[474]	~ 600	~ 650	~ 1200 (an die Salicola und die Santinelli)	~ 290
1717[475]	~ 4500	~ 5250 (Lotti)	~ 3030	~ 800
1719[476]	~ 4750	~ 1200	~ 2091	~ 430
1733[477]	~ 792	-	-	-
1756[478]	~ 1911	~ 3000 (Hasse)	~ 1494	~ 428
1764[479]	~ 825	~ 1000	~ 466	~ 500
1780[480]	~ 1040	-	-	-
1817[481]	~ 1358	~ 1500	~ 850	-

- Anhand dieser Tabelle, die in Auszügen das darstellt, was Künstler am Dresdner Hof zu verschiedenen Zeiten verdienten, kann geschlussfolgert werden, dass die Sängerkastraten neben den Kapellmeistern, deren großzügigste Honorare an Lotti und Hasse gingen, die höchsten Gehälter bezogen. Im Vergleich zwischen

---

[472] Prölss: Hoftheater. S. 91.
[473] Fürstenau: Geschichte der Musik. I, S. 254.
[474] Ebd. I, S. 309.
[475] Ebd. II, S. 105.
[476] Ebd. II, S. 134-136.
[477] Staatsarchiv Dresden. Loc. 907/02, Bl. 1.
[478] Fürstenau: Geschichte der Musik. I, S. 294.
[479] Prölss: Hoftheater. S. 212.
[480] Ebd. S. 231 ff.
[481] Fürstenau: Beiträge. S. 187.

4.2.2. Die Gehälter der Sängerkastraten im Vergleich

den Verdiensten von Sängerkastraten und denen der **Kapellmeister** ergibt sich ein Verhältnis von 1:1,04. Die Kapellmeister wurden also nur geringfügig mehr entlohnt als ein Sängerkastrat. In einzelnen Fällen überstieg die Vergütung eines Sängers die Einkünfte des Kapellmeisters um ein Vielfaches: So erhielt der Sänger Francesco Bernardi im Jahr 1719 eine Besoldung von 6650 Thalern, während die Kapellmeister Schmidt und Heinichen mit je 1200 Thaler vergütet wurden. Wiederum ist zu erwähnen, dass der Dresdner Hof einer Besoldung wie der Bernardis sicher nur unter dem Aspekt einer eingeschränkten Anstellungsdauer zustimmen konnte.

- Die Gegenüberstellung der Einkommen von den Kastraten und denen der übrigen Sänger zeigt ein Verhältnis von 1:0,76. Dabei muss man berücksichtigen, dass ebenfalls horrende Zahlungen an die italienischen Primadonnen flossen und sich somit der Mittelwert des Lohns der übrigen Sänger enorm anhebt. Im Durchschnitt verdienten nichtkastrierte **Sänger und Sängerinnen** also ein Viertel weniger als ihre Kollegen. Allerdings war es auch kein Einzelfall, dass ein Sängerkastrat das zehnfache Gehalt eines mittelmäßigen nichtkastrierten Sängers bezog: So zeigt beispielsweise das Verzeichnis der Kapellmitglieder aus dem Jahr 1680,[482] dass die Kastraten Battistini und de Melani mit 1000 Thalern entlohnt wurden, während der Männeraltist Gottfried Siegmund Engert nur 100 Thaler Besoldung erhielt.

---

[482] Fürstenau: Geschichte der Musik. I, S. 254.

4.2.2. Die Gehälter der Sängerkastraten im Vergleich

- Das Einkommen der **Instrumentalisten** lag bei ungefähr einem Viertel dessen, was zur Entlohnung der Sängerkastraten gezahlt wurde. Doch auch innerhalb der Gehaltszahlungen der Instrumentalisten kam es zu großen Schwankungen, so dass die hier getätigten Aussagen relativ betrachtet werden sollten. So erhielt beispielsweise im Jahr 1719 der Theorbist Sylvius Leopold Weiß 1000 Thaler jährlicher Besoldung, während ein Bratschist mit 233 Thalern entlohnt wurde.[483]

Abschließend lässt sich festhalten, dass die Gehälter der Sängerkastraten im Laufe ihrer 200-jährigen Wirkungszeit am Dresdner Hof durch äußere als auch durch individuelle Faktoren[484] stark beeinflusst wurden. Hervorzuheben ist jedoch, dass es für eine Mehrzahl der Sängerkastraten am Dresdner Hof soziale Absicherungen in Form von Quartiers-, Kost- und Reisegeldern gab; in einzelnen Fällen wurde die Zahlung von Pensionen vereinbart und getätigt. Offensichtlich ist, dass die italienischen Sopranisten und Altisten Gehälter bezogen, die über dem Durchschnittseinkommen der übrigen Sänger und Musiker lagen und auf ungefähr gleicher Höhe mit einer Kapellmeisterbesoldung standen. Zudem erhielten die Kastraten in Abhängigkeit ihrer Leistung und ihrer Beliebtheit am Hof wertvolle Geschenke und Anerkennung finanzieller Art. Die üppigen Gehälter konnten von den Sängerkastraten oftmals für ihre

---

[483] Fürstenau: Geschichte der Musik. II, 134-136.
[484] Siehe 4.2.1. dieser Arbeit.

4.2.2. Die Gehälter der Sängerkastraten im Vergleich

persönlichen Bedürfnisse verwandt werden, da sie keine eigene Familie zu versorgen hatten. Eine Ausnahme hierfür bildete der in Dresden engagierte Bartolomeo de Sorlisi, der durch die Heirat mit der Dresdnerin Dorothea Lichtwer für juristische und theologische Debatten sorgte.[485] Einige der Sänger waren jedoch dazu verpflichtet, Gelder an die Familie in Italien zu schicken. Als Beispiel sei eine Erwähnung dieses Sachverhaltes aus den Akten des Staatsarchivs angeführt:

„[...] *Buccolini bittet gegenwärtig um eine Gratifikation, damit er seinem armen Vater, dem er seit zwey Jahren nichts habe schicken können, wieder zu unterstützen im Stande sey.*"[486]

In Einzelfällen wurde den in Dresden lebenden Verwandten der Sänger mit Kost und Logis beholfen, wie ein Eintrag aus den Akten zu dem Sänger Dini belegt:

„*Nach dem erfolgten Ableben des Sopran-Sängers Pietro Dini wird gebeten, die ihm im Contract zugesicherten 50 Ducaten zur Rückreise nach Italien an die zwei Kinder seines Bruders zu zahlen, die bei ihm in Dresden Unterkunft hatten, da sein Vermächtnis nicht zur Abdeckung der Reisekosten ausreicht.*"[487]

---

[485] Vgl. dazu: Hupel: Ehen.; Fürstenau: Geschichte der Musik. I, 13; Adrian: Ceccarelli. S. 60.
[486] Staatsarchiv Dresden. Loc. 15146 Vol. XIV, Bl. 115: Bittschrift des *Cammersängers* Buccolini vom 22. Juni 1815.
[487] Staatsarchiv Dresden. Loc. 2428/02, Bl. 18 vom 24.05.1805.

4.2.2. Die Gehälter der Sängerkastraten im Vergleich

Betrachtet man die Grundaussagen dieses Kapitels, ergeben sich inhaltliche Übereinstimmungen mit den generalisierten Aussagen des zweiten Kapitels dieser Arbeit. So konnte am Beispiel der am Dresdner Hof wirkenden Sängerkastraten nachgewiesen werden, dass sängerische Erfolge als Rechtfertigungsgrund für horrende Gehälter standen, welche die Bezüge der übrigen Musiker meist bei weitem überschritten.

Obwohl die Kastraten in den meisten Fällen allein lebten, war doch eine Unterstützung der in Italien verbliebenen Verwandten nicht ungewöhnlich. Denn wie in 2.5.1. beschrieben, wurde einer Kastration mit der Intention einer anschließenden Sängerkarriere auch unter dem Aspekt zugestimmt, dass der Betreffende in Zukunft nicht nur für sich, sondern zusätzlich für die Familie sorgen könne. Das von der katholischen Kirche gegen die Verehelichung eines Kastraten ausgesprochene Gebot galt auch in Dresden und löste in seiner Überschreitung durch die Eheleute Sorlisi und Lichtwer eine weitreichende Diskussion aus.

4.3. Das Repertoire der Kastraten

Wurde im vorangegangenen Kapitel versucht, eine Aussage zu den Gehältern der Sängerkastraten zu treffen, so muss doch der finanzielle Abgleich eines Dienstes immer im Verhältnis zu der erbrachten Leistung gesehen werden. Da eine eingehende Prüfung der Mitwirkung von Kastratensängern an allen musikalischen Ereignissen des Dresdner Hofs den quantitativen Rahmen dieser Untersuchung übersteigen würde, sei hier eine tabellarische Auflistung der Darbietungen gegeben, von denen die Mitgestaltung durch Sängerkastraten in der Sekundärliteratur anzeigt wurde. Grundlage für die folgende Tabelle bilden die Ausführungen Michael Hochmuths.[488] Die gesungenen Partien der Kastraten werden, soweit bekannt, im Klammern angegeben. Berücksichtigt werden dabei hauptsächlich Ur- und Erstaufführungen, weil davon auszugehen ist, dass in den Folgevorstellungen die Ensemblebesetzung nur in Ausnahmen geändert und ansonsten beibehalten wurde. Die Folgevorstellungen werden nicht aufgezählt.

---

[488] Die Aussagen aus dem Buch „Zahlen, Namen, Ereignisse" werden in schwarz, Aussagen aus dem Buch „Die Solisten" in hellgrau dargestellt, um eine sich ständig wiederholende Quellenangabe zu verhindern. Über Hochmuth hinausgehende Angaben werden wie bisher als Fußnote angegeben.

4.3. Das Repertoire der Kastraten

Tabelle III:
Vorstellungen unter der Mitwirkung von Kastraten in Dresden

Premiere [Art][489]	Oper	Komponist [Textdichter]	Mitwirkende Kastraten[490]
03.11.1662 [UA]	Il Paride	Bontempi [nach Homer]	Melani, Sorlisi
27.01.1667 [UA]	Il Teseo	P. A. Ziani [G. A. Moneglia]	Bontempi [Debüt als Dirigent[491]], Melani & Sorlisi[492]
02.02.1687 [dt. EA]	La Gerusalemme liberata	Pallavicino [G. C. Corradi]	della Donna[493], Giustacchini[494]
14.02.1689 [UA]	L`Antiope	C. Pallavicino [S. Pallavicino]	Rossi, della Donna
Februar 1693 [UA]	Camillo generoso	L. P. Grua [?]	Rossi, della Donna, Grua
Februar 1693 [UA]	L`Arsinoe	P. Franceschini [T. Stanzani]	Rossi, della Donna, Grua
05.02.1694 [UA]	Alerano ed Adelaise	C. Pallavicino [?]	Rossi, della Donna
25.10.1717 [UA]	Giove in Argo	A. Lotti [A. Luchini]	Senesino, Berselli (Erasto), Boschi (Cleone), Bernardi (Arete)
03.03.1719 [Festwochen]	Giove in Argo	A. Lotti [A. Luchini]	Bernardi (Arete), Berselli, Boschi

---

[489] UA: Uraufführung, EA: Erstaufführung, Dt. EA: Deutsche Erstaufführung.
[490] Mit [TP] wird der Sänger der Titelpartie bezeichnet. In den runden Klammern ist die gesungene Partie angeben.
[491] Haböck: Gesangskunst. S. 442.
[492] Fürstenau: Geschichte der Musik. I, S. 225 f.
[493] Prölss: Hoftheater. S. 105.
[494] Ebd.

4.3. Das Repertoire der Kastraten

13.09.1719 [UA]	**Teofane**	A. Lotti [S. Pallavicino]	Senesino (Ottone)[495], Berselli (Adelberto)[496], Boschi (Emireno)[497]
15.09.1719 [UA]	**Li Quattro elementi**	Lotti [?]	Boschi
02.09.1726 [UA]	**Calandro**	G. A. Ristori [S. Pallavicino]	Pozzi (Nearco)
25.02.1727 [UA]	**Un pazzo ne fa cento ovvero**	G. A. Ristori [S. Pallavicino nach M. de Cervantes]	Ruota (Don Chisciotte), Pozzi (Duce Fernando)
13.09.1731 [UA]	**Cleofide**	J. A. Hasse [M. A. Boccardi nach Metastasio]	Annibali (Alessandro)[498], Rocchetti (Gandarte)[499], Pozzi (Timagene)[500], Campioli (Porus)[501]
08.07.1734 [dt. EA]	**Cajo Fabricio**	J. A. Hasse [A. Zeno]	Rocchetti (Pirro)[502], Annibali (C. Fabbricio)[503], Bindi[504], Pozzi (Turio)[505]
10.08.1736	**Le Fate**	G. A. Ristori [S. Pallavicino]	Annibali (Ruggiero)[506], Bindi (Bradamante)[507]
1737[508]	**Asteria**	J. A. Hasse	Rocchetti[509], Pozzi (Nebenrolle)

---

[495] Fürstenau: Geschichte der Musik. II, S. 142.
[496] Ebd.
[497] Ebd.
[498] Ebd. II, S. 173.
[499] Ebd.
[500] Ebd.
[501] Ebd.
[502] Ebd. II, S. 217.
[503] Ebd.
[504] Ebd.
[505] Ebd.
[506] Le Fate. Dramma per musica. Dresda 1736.: *Ruggiero: Al Sign. Domenico Anibali, virtuoso die camera di S.M.*
[507] Ebd. *Bradamante: Al Sign. Giovanni Bindi, virtuoso die camera di S. M.*
[508] Mücke: Hasse. S. 211.
[509] Ebd.

4.3. Das Repertoire der Kastraten

27.02.1737 [UA]	Senocrita	J. A. Hasse [S. Pallavicino]	Pozzi (Ippomedonte), Rocchetti (Aristodemo), Bindi (Timotele)
26.06.1737 [UA]	Atalanta	J. A. Hasse [S. Pallavicino nach Valeriano]	Pozzi (Arcade), Rocchetti (Meleagro), Bindi (Ceneo)
17.01.1738[510]	Tito Vespasiano ovvero la clemenza di Tito	J. A. Hasse [P. Metastasio]	Annibali (Tito), Bindi (Annio)[511], Rocchetti (Sesto)[512], Pozzi (Publio)[513]
08.02.1738	Irene	J. A. Hasse	Annibali, Bindi (Eudossa), Pozzi (Nebenrolle: Oreste), Rocchetti (Isacio)
Mai 1738	Alfonso	J. A. Hasse	Annibali, Bindi (Fernando), Pozzi (Nebenrolle: Eurico), Rocchetti (TP)
08.02.1740 [EA]	Demetrio	J. A. Hasse [P. Metastasio]	Bindi (Mitrane)[514], Annibali (Alceste)[515], Rocchetti (Olinto)[516]
1740	Artaserse	J. A. Hasse	Annibali (Artabano), Bindi (Megabise), Rocchetti (Arbace)
07.10.1741 [UA]	Numa Pompilio	J. A. Hasse [S. Pallavicino]	Rocchetti (TP), Annibali (Marzio), Bindi (Silvio)
18.01.1742 [UA]	Lucio Papirio	J. A. Hasse [A. Zeno]	Annibali (Lucio Papiro)[517], Pozzi (Marco Fabio)[518], Rocchetti (Quinto Fabio)[519], Bindi (Comivio)[520]

---

[510] Mücke: Hasse. S. 222.
[511] Ebd. S. 219.
[512] Ebd.
[513] Ebd.
[514] Fürstenau: Geschichte der Musik. II, S. 235 Fußnote.
[515] Ebd.
[516] Ebd.
[517] Fürstenau: Geschichte der Musik. II, S. 237 Fußnote.
[518] Ebd.
[519] Ebd.
[520] Ebd.

4.3. Das Repertoire der Kastraten

07.10.1742 [UA]	Didona abbandonata	J. A. Hasse [P. Metastasio]	Rocchetti (Jarba), Annibali (Enea), Bindi (Araspe)
07.10.1743 [EA]	L'asilio d'amore	J. A. Hasse [P. Metastasio]	Rocchetti (Mercurio), Bindi (Apollo)
20.01.1744 [UA]	Antigono	J. A. Hasse [P. Metastasio]	Rocchetti (Alessandro), Annibali (Demetrio)
07.10.1745 [UA]	**Arminio**	J. A. Hasse [C. Pasquini nach A. Salvi]	Rocchetti (Varo)[521], Annibali (Armino)[522], Bindi (Segimiro)[523]
07.07.1746 [EA]	Argenide	P. Scalabrini	Perini (Climero)
23.08.1746 [EA]	**Artaserse**	L. Vinci [P. Metastasio]	Perini (Titelpartie)
11.01.1747 [EA]	**Semiramide riconosciuta**	J. A. Hasse [P. Metastasio]	Rocchetti (Mirteo)[524], Annibali (Scitalce)[525], Bindi (Sibari)[526]
25.05.1747 [EA]	Merope	P. Scalabrini [?]	Casati (Trasimete)
10.06.1747 [EA]	Didone abbandonata	P. Scalabrii [?]	Casati (Araspe)
14.06.1747 [UA]	**La spartana generosa ovvero Archidamia**	J. A. Hasse [C. Pasquini]	Rocchetti (Cleonimo)[527], Bindi (Damagete)[528], Carestini (Acrotato)[529]
18.07.1747 [UA]	**Filandro**	N. A. Porpora [V. Cassani]	Annibali (Filandro)[530], Bindi (Urania)[531]

---

[521] Fürstenau: Geschichte der Musik. II, S. 240 Fußnote.
[522] Ebd.
[523] Ebd.
[524] Ebd. S. 246 Fußnote.
[525] Ebd.
[526] Ebd.
[527] Ebd. S. 247 Fußnote.
[528] Ebd.
[529] Ebd.
[530] Ebd. II, S. 250 Fußnote.
[531] Ebd.

4.3. Das Repertoire der Kastraten

07.10.1747 [UA]	**Leucippo**	J. A. Hasse [C. Pasquini]	Carestini "Cusanino" (Titelrolle-Delio)[532], Rocchetti[533]
09.02.1748 [UA]	**Demofoonte**	J. A. Hasse [P. Metastasio]	Cusanino (Timante)[534], Annibali (Martusio), Bindi[535] (Timante), Carestini (Clarinto)
07.10.1749 [UA]	Il natal di Giove	J. A. Hasse [P. Metastasio]	Pacifico, Rocchetti (Termide)
12.01.1750 [UA]	**Attilio Regolo**	J. A. Hasse [P. Metastasio]	Annibali (Regolo)[536], Rocchetti (Hamilkar)[537], Pacifico (Chor)[538], Pozzi (Chor)[539]
20.01.1751 [UA]	**Il Ciro riconosciuto**	J. A. Hasse [P. Metastasio]	Salimbeni (TP)
16.04.1751 [Kirchendienst]	**I pelligrini a sepolcro**	J. A. Hasse/?	Salimbeni (Teotimo)[540]
07.10.1751	**Ipermestra**	J. A. Hasse [P. Metastasio]	Annibali (Plistene), Rocchetti (Linceo)
1751	**Leucippo**	Hasse [Pasquini]	Salimbeni (TP) – Antrittsvorstellung
17.01.1752 [UA]	**Adriano in Siria**	J. A. Hasse [P. Metastasio]	Annibali (Adriano[541]), Rocchetti (Farnaspe)
05.02.1753 [UA]	**Solimano**	J. A. Hasse [G. Migliavacca]	Monticelli (Selim)[542], Putini (Osmino)[543], G. Belli (Acomante)[544]

[532] Korsmeier: Carestini. S. 383.
[533] Mücke: Hasse. S. 211.
[534] Korsmeier: Carestini. S. 138.
[535] Mücke: Hasse. S. 219.
[536] Prölss: Hoftheater. S. 158 f.
[537] Ebd.
[538] Ebd.
[539] Ebd.
[540] Fürstenau: Geschichte der Musik. II, S. 266.
[541] Ebd. S. 268 Fußnote.
[542] Ebd. S. 275 Fußnote.
[543] Ebd.
[544] Ebd.

4.3. Das Repertoire der Kastraten

1753	**Arminio**	J. A. Hasse	G. Belli (Segimiro), Monticelli (Arminio), Putini (Varo)
06.02.1754 [UA]	**Artemisia**	J. A. Hasse [G. Migliavacca]	Bruscolini[545] (Nicandro), Putini (Oronte), G. Belli (Idaspe), **Monticelli** (Dardano)
25.06.1754 [EA]	Il mondo alla roversa	B. Galuppi [C. Goldoni]	Potenza (Rinaldo)
25.06.1754	Le pescatrici	F.G. Bertoni [C. Goldoni]	Potenza (Frisellino)
20.01.1755	**Ezio**	J. A. Hasse [P. Metastasio]	Rocchetti (Valentiano III.)[546], Monticelli (Ezio)[547], G. Belli (Varo)[548]
23.05.1755 [EA]	**Il filosofo di campagna**	B. Galuppi [C. Goldoni]	Tenducci (Rinaldo)[549]
23.05.1755 [EA]	L`Arcadia in brenta	B. Galuppi [C. Goldoni]	Tenducci (Giacinto)
07.10.1755 [UA]	**Il re pastore**	J. A. Hasse [P. Metastasio]	Monticelli (Aminta), G. Belli (Agenore), **Bruscolini** (Alessandro)
16.02.1756 [UA]	**Olimpiade**	J. A. Hasse [P. Metastasio]	G.Belli (Licido), Bruscolini (Aminta)[550], Monticelli (Loicido[551] oder Megacle[552]), Perini (Alcandro)
31.05.1756 [EA]	Il pazzo glorioso	G. Cocchi [A. Villani]	Tenducci (Don Ferante)
03.08.1763 [EA]	**Siroe, re di Persia**	J. A. Hasse [P. Metastasio]	Bruscolini (Siroes)[553]

---

[545] Haböck: Gesangskunst. S. 449.
[546] Fürstenau: Geschichte der Musik. II, S. 282 Fußnote.
[547] Ebd.
[548] Ebd.
[549] Haböck: Gesangskunst. S. 449.
[550] Ebd.
[551] Ebd.
[552] Fürstenau: Geschichte der Musik. II, S. 287.
[553] Ebd. 368 Fußnote.

4.3. Das Repertoire der Kastraten

19.10.1765 [Dt. EA]	Gli uccelatori	F. L. Gassmann [C. Goldoni]	Patrassi
01.02.1769 [UA]	La clemenza di Tito[554]	J. G. Naumann [P. Metastasio]	Pacchierotti (Sesto)
18.11.1780 [EA]	Il Beglirbey di Camarania	G. Amendola [G. Tonioli]	Caselli (Rustano)
21.04.1781 [UA]	Elisa	J. G. Naumann [C. Mazzola]	Caselli (Ricciardo)
27.08.1781 [Dt. EA]	Socrate immaginario	G. Paisiello [G. B. Lorenzi]	Caselli (Cilla)
27.10.1781 [UA]	Osiride	J. G. Naumann [C. Mazzola]	Caselli (TP), Damiani (Oro)
09.03.1782 [UA]	Il marito indolente	J. Schuster [C. Mazzola]	Damiani (Tenente)
02.10.1782 [Dt. EA]	L'infedèltà fedele	D. Cimarosa [G. B. Lorenzi]	Caselli
06.11.1782 [EA]	Dal finto il vero	G. Paisiello [S. Zini]	Caselli (Contino)
23.10.1784 [UA]	Gli amanti alla prova	F. Piticchio [G. Bertati]	Caselli (Arminio)
18.11.1786 [EA]	**L'amore ingegnoso**	G. Paisiello [?]	**Sciroli** (Leandro)
21.10.1787 [UA]	La reggia d'Imeneo	J. G. Naumann	Beretta (Titelpartie)
11.04.1787 [UA]	I due supposti	D. Cimarosa [A. Anelli]	Cavana (Pantaleo)
27.09.1788 [EA]	Il ritorno di Don Calandrino	D. Cimarosa [?]	Beretta (Calandrino)
21.11.1789 [EA]	Axur, re d'Ormus	A. Salieri [L. da Ponte]	Beretta (Elamir)
07.04.1790 [UA]	Amore per oro	F. Seydelmann [C. Mazzolà]	Beretta (Ciarlatani)
15.11.1794 [EA]	La contessa d'Amalfi	J. Weigl [G. Bertati]	Cibelli (Coloandro)
19.09.1795 [EA]	La vedova raggiratrice	M. A. Portugal [?]	Cibelli

---

[554] Staatsarchiv Dresden. Loc. 910/02, Bl. 180 f.

4.3. Das Repertoire der Kastraten

14.11.1795 [EA]	La secchia rapita	N. A. Zingarelli [A. Anelli]	Cibelli
13.01.1796 [EA]	La caffetiera bizzara	J. Weigl [da Ponte nach C. Goldoni]	Cibelli
18.11.1797 [EA]	**Gli equivoci**	S. Storace [L. da Ponte]	**Ceccarelli** (Lesbia), Cibelli
24.03.1798 [Dt. EA]	Il principe di Taranto	F. Paër [F. Livigni]	Cibelli (Quinzio)
25.04.1798 [Dt. EA]	Il sacrifizio interrotto	P. v. Winter [F. X. Huber]	Cibelli
18.07.1798 [Dt. EA]	L'Amor marinaro	J. Weigl [G. de Gamerra]	Cibelli
17.04.1799 [EA]	L'intrigo amoroso	F. Paër [G. Bertati]	Cibelli
04.09.1799 [Dt. EA]	Le donne cambiate	M. A. Portugal [G. M. Foppa]	Cibelli (Pippo)
26.10.1799 [EA]	Falstaff	A. Salieri [C. P. Defranceschi]	Cibelli
08.01.1800 [EA]	Camilla ossia Il sotteraneo	F. Paër [G. Carpani nach Marsollier]	Dinni (Adolfo)
24.02.1802 [EA]	Pimmaglione	G. Cimadoro [A. S. Sografi nach J. J. Rousseau]	Ceccarelli
25.04.1805 [EA]	Gli orazi ed I curiazi	D. Cimarosa [A. S. Sografi]	Dinni
25.06.1805 [EA]	I molinari	F. Paër [G. M. Foppa]	Sassaroli (Cibandola)
03.10.1807 [Dt. EA]	Artemisia	D. Cimarosa [G. B. Colloredo]	V. Buccolini (Carete)
06.01.1808 [UA]	Adelaide di Guesclino	J. A. Mayr [G. Rossi nach Voltaire]	V. Buccolini
30.03.1808 [EA]	Adelasia e Aleramo	J. S. Mayr [L. Romanelli]	V. Buccolini (Aleramo)
04.01.1809	Gli Sciti	J. S. Mayr	V. Buccolini (Atamaro)

4.3. Das Repertoire der Kastraten

[EA]		[G. Rossi nach Voltaire]	
02.05.1811 [UA]	Raoul di Crequi	F. Morlacchi [N. Perotti]	V. Buccolini (Riccardo)
22.01.1812 [Dt. EA]	Le Danaidi	F. Morlacchi [S. Scatizzi]	Sassaroli (Linceo)
19.03.1817 [EA]	**Tancredi**	G. Rossini [G. Rossi nach Voltaire]	Sassaroli (TP)
09.11.1817 [UA]	La semplicetta di Pirna	F. Morlacchi [?]	Sassaroli (Gismondo)
03.01.1818 [EA]	L'inganno felice	G. Rossini [G. M. Foppa nach G. Palomba]	Sassaroli
24.01.1818 [Dt. EA]	Elisabetta, regina d'Inghilterra	G. Rossini [G. Schmidt nach C. Federici]	Sassaroli (Enrico)
29.04.1818 [EA]	Paolo e Virginia	P. C. Guglielmi [G. M. Diodati]	Sassaroli (Paolo)
17.04.1819 [Dt. EA]	Gianni di Parigi	F. Morlacchi [F. Romani]	Sassaroli (Oliviero)
05.01.1820 [EA]	**L'eroismo in amore**	F. Paër [L. Romanelli]	Sassaroli (Megabise)
26.01.1820 [Dt. EA]	Emma di Resburgo	G. Meyerbeer [G. Rossi]	Sassaroli (Edemondo)
15.04.1820 [Dt. EA]	I virtuosi ambulanti	V. Fioravanti [G. L. Balochi]	Sassaroli (Bocchindoro)
04.04.1821 [UA]	Le donne curiose	J. Rastrelli [Montucci nach C. Goldoni]	Sassaroli (Ottavio)
19.05.1821 [EA]	**I pretendenti delusi**	L. Mosca [L. Prividali]	Sassaroli (Fausto)
29.09.1821 [Dt. EA]	La donna del lago	G. Rossini [A. L. Tottola nach W. Scott]	Sassaroli (Malcom Groeme)
21.11.1821 [EA]	La rappresaglia	J. N. Poissl [nach F. Romani]	Sassaroli (Duca)
05.01.1822 [EA]	Clotilda	C. Coccia	Sassaroli (Tartuffo)

4.3. Das Repertoire der Kastraten

			[G. Rossi nach L. C. Caigniez]	
15.01.1823 [UA]		Velleda	J. Rastrelli [Montucci nach A. v. Kotzebue]	Sassaroli (Odone)
17.07.1824 [EA]		La donna colonello	P. Raimondi [nach Scribe]	Sassaroli (Enrico)
04.01.1826 [Dt. EA]		Semiramide	G. Rossini [G. Rossi nach Voltaire]	Sassaroli (Arazes)
14.01.1826 [Dt. EA]		Matilde di Shabran	G. Rossini [J. Ferretti nach M. Hoffmann]	Sassaroli (Edoardo)
28.06.1826 [Benefizkonzert][555]			Mozart: Requiem/Naumann "Vater unser"/ Händel "Hallelujah"	Sassaroli/ Muschietti

---

[555] Otto Schmid: Geschichte der Dreyssigschen Singakademie zu Dresden. Zur 100jährigen Jubelfeier. Dresden 1907. S. 29 f.

4.3. Das Repertoire der Kastraten

Anhand der vorliegenden Aufstellung wird ersichtlich, dass die Sängerkastraten während ihrer Wirkungszeit am Dresdner Hof in hoher Beteiligung das musikalische Leben mitgestalteten. In dieser Tabelle werden hauptsächlich die Ur- und Erstaufführungen von Opern am Dresdner Hof aufgezeigt. Am Beispiel der Hasse-Oper *Tito Vespasiano ovvero la clemenza di Tito*, die am 17. Januar 1738 erstmals aufgeführt wurde, geben Zeitdokumente Auskunft über die Erst- und Folgevorstellungen:

„Den 17. Jan. ward das Königl. hohe Crönungs-Fest zu Hofe in pompöser Gala celebriret. [...] Abends ward eine neu vefertigte Italiänische Musicalische Opera, deren Titul: **La Clemenza di Tito**, *oder die Gütigkeit des Titi gewesen, auf dem großen Theatro in Opern-Hause mit vollkommen Applaus einer fast unsäglichen Menge hoher und niederer Zuschauer, aufgeführet. [...]* "[556]

„Den 20. Jan. ward am hiesigen Königl. Hofe Ihrer Königl. Maj. von beyder Sicilien, des zukünftigen Gemahls der Königl. Princeßin Amalia Hoheit, hoher glücklich erlebter Geburths-Tag in pompöser Galla, zum ersten Mal begangen. [...] Abends aber die neue Opera von **Tito Vespasiono** *abermahln mit vollkommenen Vergnügen präsentiret.*"[557]

„Den 23. Jan. ward die neue Opera von der **Gütigkeit des Titi** *zum dritten mahl vorgestellt.*"[558]

---

[556] Mohrenthal: Merkwürdigkeiten. Januar 1738. S. 6.
[557] Ebd. S. 7.
[558] Ebd. S. 8.

4.3. Das Repertoire der Kastraten

Von der am 8. Februar 1738 erstmals aufgeführten Oper „Irene" von Johann Adolph Hasse wird ebenfalls berichtet:

„Den 8. Febr. ward allhier Ihrer Majest. der regierenden Monarchin in Russland hoher glücklich-erlebter Geburths-Tag in solennester Galla vollbracht, [...]. Abends ward eine neue Opera, welche den Titul **Irene** *führet, [...] mit vollkommener Zufriedenheit aller hohen und niedern Zuschauer zum erstenmahl glücklich aufgeführet, [...]."*[559]

„Eben diesen Tag [10.02.1738] *ward die neue Opera,* **Irene** *genannt, zum andernmahl aufgeführet."*[560]

„Den 12. Febr. [...], und Abends ward die neue Opera, **Irene**, *zum drittenmahl bey sehr starcker Frequenz wiederhohlet."*[561]

„Noch an diesem Tage [14.02.1738] *ward die Opera,* **Irene**, *zum viertenmahl aufgeführet."*[562]

„Den 18. Febr. als den Fastnachts-Dienstag, [...]. Nach Endigung dieses Rennens beliebte der gesamte Hohe Königl. Hof, nebst Cavalliers und Dames der Opera, **Irene** *genannt, zum letztenmahl beyzuwohnen, [...]."*[563]

In den beiden Opern, *Titus* und *Irene* waren die Sängerkastraten Annibali, Bindi, Pozzi und Rocchetti in den führenden Rollen zu

---

[559] Mohrenthal: Merkwürdigkeiten. Februar 1738. S. 11 f.
[560] Ebd. S. 13.
[561] Ebd. S. 14.
[562] Ebd. S. 14.
[563] Ebd. S. 15 f.

4.3. Das Repertoire der Kastraten

erleben.[564] Die Aufführungen der benannten Opern fanden im Jahr 1738 an den folgenden Tagen statt: 17., 20. und 23. Januar, 8., 10., 12., 14. und 18. Februar.

Eine straffe Abfolge der Vorstellungen, die einen großen musikalischen und physischen Anspruch an die Kräfte der Protagonisten stellte, lässt sich hier ersehen. Besonders während der Wirkungszeit Johann Adolf Hasses am Dresdner Hof kam es zu zahlreichen Opernkompositionen, die in dichter Folge erstmalig zur Aufführung gebracht wurden, wie die Daten der Tabelle III zeigen. Die Sänger hatten also innerhalb kurzer Zeit eine hohe Anzahl neuer Partien einzustudieren und im gestisch-musikalischen Ablauf[565] zu proben. Petrick benennt in ihrer Arbeit die Daten der Folgevorstellungen;[566] der umfangreiche Dienst eines Sängers und die Vielzahl der zu singenden Vorstellungen treten dabei, wie bei dem hier angeführten Beispiel der Opern *Titus* und *Irene*, deutlich zu Tage.

Hasse schrieb während seiner Wirkungszeit am Dresdner Hof fast ausschließlich für die Sänger des ihm zur Verfügung stehenden Ensembles. Mehrere seiner Partien schuf er eigens für die Sängerkastraten des Dresdner Hofes. Dabei kann man davon ausgehen, dass

---

[564] Vgl. Tabelle III.
[565] Den Opernaufführungen der damaligen Zeit lag nicht ein szenischer Ablauf wie heute zugrunde. Es gab ein gestisches Repertoire (heute „barocke Gestik"), in dem jedem Gemütszustand eine Geste zugeordnet war. Aus diesem gestischen Repertoire heraus gestalteten die Sänger ihren Gesang.
[566] Romy Petrick: Das Dresdner Musik- und Kulturleben in der ersten Hälfte des 18. Jahrhunderts aus Sicht der „Dreßdnischen Merkwürdigkeiten". Diplomarbeit, 2004. Tabelle S. 27; abgekürzt als: Petrick: Dreßdnische Merkwürdigkeiten.

4.3. Das Repertoire der Kastraten

die jeweiligen sängerische Fähigkeiten berücksichtigt wurden, indem die Vorzüge der einzelnen Sänger hervorgehoben oder unangenehme Lagen und Töne ausgespart werden konnten.[567] So komponierte der königlich-polnische und kurfürstlich-sächsische Kapellmeisters beispielsweise die Titelrolle in *Lucio Papirio* für Annibali und die Rolle des *Sesto* in Titus für Carestini.[568] Auch spätere Kapellmeister fertigten ihre Kompositionen in Hinsicht auf die stimmlichen Fähigkeiten der Sänger an: Selbst Carl Maria von Weber schrieb die Sopranpartie in seiner *Messe Es-Dur* für den Sopranisten Sassaroli. Poland berichtet über die Zusammenarbeit des Kastraten mit Weber:

„[…] *es ist interessant, daß er* [Sassaroli] *lieber unter dem antiitalienisch gesinnten und wirkenden Carl Maria von Weber sang, der eben mit seinem allesbeherrschenden Dirigententalent alles möglich zu machen wußte.*"[569]

Wagner beabsichtigte, die Rolle des *Klingsor* in der Oper Parsifal für einen Kastraten zu schreiben, nachdem er den Sopranisten Domenico Mustafá, den Leiter der päpstlichen Kapelle in Rom gehört hatte. Er nahm jedoch im Verlauf der Entstehung des Werkes von diesem Gedanken Abstand.[570]

---

[567] Korsmeier: Carestini. S. 45.
[568] Haböck: Gesangskunst. S. 447.
[569] Franz Poland: Die letzten zehn Jahre der italienischen Oper zu Dresden bis 1830. In: Allgemeine musikalische Zeitung , 1880, Nr. 41, S. 646.
[570] Hubert Ortkemper: Engel wider Willen. München 1995; S. 253; abgekürzt als: Ortkemper: Engel.: Domenico Mustafa, Kastrat (* 1829) war Moreschis Vorgänger als Leiter der päpstlichen Kapelle.; Scholz: Eros. S. 218: Das Vorbild für Wagners Klingsor,

4.3. Das Repertoire der Kastraten

Des Weiteren sei darauf hingewiesen, dass als Aufführungsorte für zahlreiche musikalische Begebenheiten die Schlösser Hubertusberg, Pillnitz und Moritzburg dienten.[571] Die Musiker reisten mit dem Hof an die betreffenden Lokalitäten, um vor Ort eine Opernaufführung zu gestalten. So war es beispielsweise traditionell üblich, dass an dem Geburtstag Friedrich August des II. auf dem Jagdschloss Hubertusburg eine eigens für diesen Anlass komponierte Oper aufgeführt wurde, die dann später in Dresden zu hören war.[572] Auch diese Dienste mussten von den Sängern abgedeckt werden. Hinzu kam der zeitliche Aufwand der Hin- und Rückreise. Bei der Verteilung der Rollen waren die Sängerkastraten vorwiegend in den Haupt- und Titelpartien zu erleben.[573] Eine Rollenhierarchie innerhalb des Sängerensembles wurde bei den unterschiedlichen Aufführungen meist beibehalten. In der Wirkungszeit der Sängerkastraten Annibali, Bindi und Rocchetti lässt sich anhand der gesungenen Partien erkennen, dass Rocchetti und Annibali meist in den Titelpartien oder als primo uomo auftraten, während Bindi die Rollen des secondo uomo zugewiesen wurden.[574] Ein Einsatz der

---

      den Herrn des verführerischen Zauberschlosses, ist noch bei Wolfram von Eschenbach ein Kastrat: *„Klingsor wurde zum Kapaun/gemacht, und zwar mit einem Schnitt!"*.
[571] Michael Hochmuth: Chronik der Dresdner Oper. Sonderdruck Nr. 1: Die Opernhäuser in den kursächsischen Lust- und Jagdschlössern. Ohne Jahr. S. 2 ff.; abgekürzt als: Hochmuth: Lust- und Jagdschlösser.
[572] Petrick: Dreßdnische Merkwürdigkeiten. S. 53.
[573] Vgl. hierzu die in der letzten Spalte der Tabelle III angegebenen Partien.
[574] Vgl. hierzu auch Mücke: Hasse. S. 221.

4.3. Das Repertoire der Kastraten

Sängerkastraten erfolgte hauptsächlich solistisch. Die einzig nachweisbare Ausnahme hierbei bildeten die Sänger Pacifico und Pozzi, die während der Aufführung der Hasse-Oper *Attilio Regolo* am 12. Januar 1750 den Chor verstärken mussten,[575] sowie die beiden Kastraten Seppi und Fidi, die im Jahr 1666 als Choristen am Dresdner Hof angestellt wurden.[576] Das Ende der Kastratenära zeigt sich auch in der vorliegenden Tabelle: Ab dem Jahr 1812 wurde lediglich noch Felippo Sassaroli[577] als einer der letzten Kastraten des Dresdner Hofes bei den Aufführungen der Italienischen Oper eingesetzt. Als diese Opernvorstellungen durch die Inszenierungen des Deutschen Departements überlagert wurden,[578] fanden die verbleibenden Sängerkastraten nur noch im Kirchendienst ihre Verwendung.[579]

Die Sängerkastraten ließen während ihrer fast 200-jährigen Wirkungszeit am Dresdner Hof dem hier aufgeführten und oftmals für sie komponierten, umfangreichen Repertoire einen eigenen Charakter, eine brillante Ausführung und eine Vielfarbigkeit angedeihen, welche Dresden den Ruf einer kulturellen Metropole verliehen. Besonders in der Wirkungszeit des Kapellmeisters Johann

---

[575] Siehe Tabelle III.
[576] Staatsarchiv Dresden. Loc. 32751 Rep. LII Nr. 849 Lage 10, Bl. 145.
[577] Die Namensbezeichnung *Sassaroli* in der Tabelle III bezieht sich auf Felippo Sassaroli und nicht auf seinen Bruder Germano, der von 1825-1832 als Bassist am Dresdner Hof eine Anstellung innehatte. Vgl. dazu: Staatsarchiv Dresden. Loc. 15148 Vol. III, Bl. 277: *Germano Sassaroli, der Bruder des Supplikanten* [vorausgehend war eine Bittschrift des Felippo Sassaroli].
[578] Vgl. dazu Kapitel 3.6. dieser Arbeit.
[579] Siehe dazu die letzte Zeile der Tabelle III.

Adolf Hasse kam es zu einer Vielzahl von Ur- und Erstaufführungen, die auch in Folgedarstellungen am Dresdner Hof oder an den zum Hof gehörigen Aufführungsorten dargeboten wurden. Sowohl die Anzahl der Opernvorstellungen als auch die Schwierigkeiten der zugrunde liegenden Kompositionen stellten einen hohen Anspruch an die sängerischen Fähigkeiten der Ausführenden und an deren physische und psychische Kräfte. Aufgrund der hier erbrachten Leistung aller Beteiligten kam es zur Auszahlung entsprechend hoher Gagen. Die Fähigkeiten der zu dieser Zeit verpflichteten Sängerkastraten in Verbindung mit dem musikalischen Geschmack und dem kompositorischen Geschick des Kapellmeisters Hasse führten zur Entstehung von Opern, die in hervorragender Weise zur Aufführung gebracht werden konnten und überregionales Ansehen erlangten.

5. Zusammenfassung

Mit dem Inkrafttreten des Auftrittsverbotes für Frauen und der damit einhergehenden Beschneidung von Knaben zur Konservierung der hohen Sängerstimmen kam es in nahezu allen europäischen Musikzentren zum Einsatz der Sänger, die nach einer jahrelang andauernden, qualitativ hochwertigen musikalischen und gesanglichen Ausbildung in virtuoser Weise zur Ausführung der Partien des Sopran- und Altstimmfachs befähigt waren. Die Sängerkastraten verdrängten ihre falsettierenden Kollegen ebenso wie die weiblichen Sängerinnen fast gänzlich vom Podium und von der Bühne. So konnten sich die Kastraten jahrzehntelang einer musikalischen Dominanz erfreuen, die sowohl in musikalischer und materieller Verehrung, als auch in horrenden Gehaltszahlungen ihren Ausdruck fand.

Als eine der herausragenden Musikpflegestätten im deutschsprachigen Raum wurde in dieser Arbeit der Hof zu Dresden beispielhaft herausgegriffen, um die Anstellungsverhältnisse der hier tätigen Sängerkastraten unter mehreren Aspekten näher untersuchen zu können. Im Jahr 1647 kam es zum Engagement des ersten Sängerkastraten Giovanni Andrea Bontempi in Dresden; ab 1651 wurden kontinuierlich weitere italienische Sopranisten und Altisten

Zusammenfassung

angestellt. Die bis dahin in der Churfürstlichen Kapelle[580] beschäftigten falsettierenden Altisten konnten sich neben den hochqualifiziert ausgebildeten Sängerkastraten nicht behaupten und wurden durch deren Indienstnahme fast gänzlich ersetzt. Die Einstellungen der italienischen Sänger am Dresdner Hof setzten sich in Abhängigkeit verschiedener geschichtlicher, politischer und finanzieller Faktoren weiter fort und erreichten im Jahr 1719 ihren Höhepunkt: Im Zuge der Feierlichkeiten für die Fürstenhochzeit wurden Sänger von hohem europäischen Rang engagiert. Doch im Gegensatz zu den bisher am Dresdner Hof angestellten Sängern erhielten diese keinen Vertrag über mehrere Jahre. Aufgrund der horrenden Gehälter, die im Durchschnitt sechsmal höher waren als die Gehaltszahlungen an einen Kastratensänger in den Jahren vor und nach der Fürstenhochzeit bei annähernd gleichem Geldwert, war der Hof bestrebt, das Engagement der kostspieligen Virtuosen nicht über die Dauer der Hochzeitsfeierlichkeiten hinaus zu fördern. So erhielten die 1719 bediensteten Sänger auch nicht die sozialen Absicherungen, die aus den vorherigen Anstellungsbedingungen bekannt wurden: Es kam im Rahmen der für die Hochzeitsfeierlichkeiten abgeschlossenen Verträge weder zur Zahlung von Quartier- und Kostgeldern, noch wurden Pensionszahlungen vereinbart; es erfolgte eine Übernahme der Reisekosten. Nach Ende der Feierlichkeiten löste man die Verträge mit den kostspieligen Virtuosen auf.

---

[580] Fürstenau: Beiträge. Mitgliederverzeichnis der Churfürstlichen Kapelle aus dem Jahr 1651. S. 69.

Zusammenfassung

In den Folgejahren suchte man nach Möglichkeiten, die Anstellungsbedingungen der italienischen Sänger in einem überschaubaren finanziellen Rahmen zu halten. Dennoch konnte festgestellt werden, dass die Sängerkastraten während ihrer gesamten Wirkungszeit am Dresdner Hof Gehälter bezogen, die weit über dem Durchschnittseinkommen der anderen Musiker und Sänger lagen und auf ungefähr gleicher Höhe mit der Besoldung eines Kapellmeisters standen. Die schon erwähnten sozialen Absicherungen, wie Quartier-, Kost- und Reisegeld, sowie die Zahlung von Pensionen wurden in der Mehrzahl der Fälle auch den anderen Musikern gewährt.

Mit der Berufung des Kapellmeisters Johann Adolf Hasse an den elbsächsischen Hof wurde Dresden zum Zentrum und zur zentralen Wirkungsstätte des Kastratenwesens im deutschsprachigen Raum. Unter der Herrschaft des Kurfürsten Friedrich August II., der die französischen Einflüsse am Dresdner Hof nun gänzlich unterband, kam es zu einer extremen Förderung italienischer Musik, die unter der künstlerischen Leitung Hasses einen Aufschwung erlebte, der Dresden zu überregionalem Ruf verhalf. Hasse ging in seinen zahlreichen Kompositionen auf die Fähigkeiten der ihm zur Verfügung stehenden Sänger ein und konnte sie dadurch auf vorteilhafteste Art repräsentieren. Die Hauptpartien seiner Dresdner Opern sind meist für einen bestimmten Sängerkastraten des Dresdner Ensembles komponiert und weisen somit auf dessen sängerische Fertigkeiten hin. Durch ihre physiologische Sonderstellung und durch

Zusammenfassung

eine über mehrere Jahre andauernde qualitativ hochwertige musikalische und gesangliche Ausbildung sicherten die kapriziösen Sänger den Opernaufführungen des Dresdner Hofes eine Qualität und eine außerordentliche Pracht und Brillanz zu, welche die Hauptstadt des Kurfürstentums Sachsen zu einer herausragenden Musikstätte in Europa werden ließ. Das barocke Zeitalter ermöglichte und förderte die Unnatürlichkeit der Kastratenstimmen, deren einzigartiger Stimmklang zum beherrschenden Teil einer Opernvorstellung geriet. Die Dominanz der beschnittenen Sänger avancierte zum Zeichen der Zeit. Vorläufig gab es keine Konkurrenz zu anderen Sängern, denen besonders in den Opern des damaligen Kapellmeisters nur kleinere Rollen zugeordnet waren. Dennoch konnten sich die weiblichen Primadonnen mehr und mehr gegenüber ihren männlichen Konkurrenten behaupten: Bereits im Jahr 1685 trat mit Margherita Salicola die erste Frau in der Dresdner Oper auf. Diese Sängerin und die Sopranistin Rosana Santinelli erhielten im Jahr 1691 Gehälter, welche die der Kastraten überstiegen. Doch erst in der Wirkungszeit Hasses, der seine Frau Faustina und weitere Sängerinnen im Rahmen seiner Kompositionen förderte, stiegen die Frauenstimmen bedrohlich zur bisherigen Alleinherrschaft der hermaphroditischen Kastratenstimmen empor und schränkten deren Vormachtstellung ein. Leider konnte im Rahmen dieser Arbeit nicht näher auf einen Vergleich zwischen den Sängerinnen und den italienischen Sopranisten und Altisten eingegangen werden. Perspektivisch wäre es jedoch möglich und äußerst sinnvoll, durch

Zusammenfassung

die vorliegenden Kompositionen Aufschluss über die hierfür notwendigen sängerischen Fertigkeiten einzelner Künstler zu erlangen und somit einen Vergleich zwischen den Anforderungen an einen Kastraten und den Anforderungen an eine Primadonna des Dresdner Hofes anstellen zu können.

Die Blütezeit der Dresdner Barockoper, die unter dem Zusammenwirken von Johann Adolf Hasse und den in Dresden engagierten Sängerkastraten zu überregionalem Ruf gelangte, ging mit Ausbruch des Siebenjährigen Krieges zu Ende. Die Existenz der Oper am Dresdner Hof basierte von nun an auf der Grundlage subventionierter Privattheater. Auch im Rahmen dieser Anstellungsform bestimmten zahlreiche Sängerkastraten das Dresdner Operngeschehen mit. Die hier gezahlten Gehälter lagen durchschnittlich wiederum über dem Einkommen der anderen Musiker. Jedoch ist auffällig, dass die Anstellungsdauer der einzelnen Sänger durchschnittlich betrachtet wesentlich kürzer war, als es in den Jahren vor und während Hasses Dienstzeit festgestellt werden konnte. Diese Beobachtung ist wohl nicht auf einen Wechsel der Kapellmeisterstelle, sondern auf die Art und Weise der Leitung eines subventionierten Theaterunternehmens zurückzuführen. Die Rollenübernahme von Sopran- und Altpartien durch Frauen nahm weiterhin zu. Der Niedergang des Kastratenwesens wurde damit auch am Dresdner Hof augenscheinlich. Als der Vertrag mit dem letzten Impresario des subventionierten Theaterunternehmens auslief, wurden lediglich noch zwei Sängerkastraten zur Ausführung des

Zusammenfassung

Kirchendienstes vom Dresdner Hof übernommen. Noch immer bezogen diese Musiker relativ hohe Gehälter, konnten aber keinerlei Ansprüche zu den Vertragsbedingungen mehr geltend machen und mussten sich den finanziellen Angeboten des Dresdner Hofes fügen. Wegen mangelhafter sängerischer Leistung wurde schließlich der Altist Buccolini entlassen. Da man noch immer keine Frauen zur Ausführung des Kirchendienstes in Dresden duldete, fanden die letzten beiden Kastraten Muschietti und Tarquini in den Jahren 1822 und 1830 ihre Anstellung am Dresdner Hof. Der Sopranist Tarquini verließ als letzter Sängerkastrat im Jahr 1844 den Dresdner Hof.

Mit dieser Arbeit konnte erstmalig eine genaue Auflistung der am Dresdner Hof tätigen Sängerkastraten vorgelegt werden. Im Laufe einer fast 200jährigen Wirkungszeit fanden 76 italienische Sopranisten und Altisten Anstellung in der elbsächsischen Residenz. Die italienischen Virtuosen wurden hauptsächlich als Solisten verpflichtet; nur in Ausnahmefällen erfolgte ein Einsatz im Chor. Generalisierte Aussagen zum Kastratenwesen im Allgemeinen konnten am besonderen Beispiel des Dresdner Hofes bestätigt werden:

- Mit dem Aufkeimen des Kastratenwesens wurden die falsettierenden Altisten fast gänzlich verdrängt und die Anstellung von Sängerinnen wurde vorerst unterbunden.
- Die uneingeschränkte Dominanz der Sängerkastraten ging mit der Blütezeit des Barock einher. Die Sehnsucht dieser Zeit nach einer vom Menschen geschaffenen Unnatürlichkeit fand in den

Zusammenfassung

hermaphroditischen Stimmen der Sänger ihre Erfüllung. Die Opern des Dresdner Kapellmeisters Hasse, die eigens für die Sänger komponiert wurden, konnten die hochvirtuosen Kehlfertigkeiten der Sänger bestens repräsentieren und übertrugen den Kastraten stets die Rollen des Primo oder Secondo Uomo, wobei die restlichen Ensemblemitglieder mit weitaus kleineren Rollen bedacht wurden. Die kastrierten Virtuosen stiegen somit zum alles bestimmenden Protagonisten der Opernvorstellungen auf.

- Aufgrund ihrer hochvirtuosen Darbietungen und als Höhepunkt und Garant des Gelingens eines Opernabends konnten die Sängerkastraten Forderungen materieller Art stellen, die in Abhängigkeit ihrer Leistung erfüllt wurden. So erhielten die besten der Sängerkastraten Gehälter, die das Einkommen durchschnittlicher Musiker um ein Vielfaches überschritten; die Gehaltssummen wurden durch kostspielige Präsente ergänzt.
- Durchschnittlich begabte Sängerkastraten wurden während ihrer Anstellungszeit am Dresdner Hof beständig auf die erbrachten Leistungen, auf ihren Diensteifer und ihre gesundheitliche Konstitution hin überprüft, um weniger rentable Sänger aus dem Dienstverhältnis ausschließen oder deren Gehaltsforderungen entsprechend minimieren zu können.
- Im Zuge der Aufklärung und den damit einhergehenden Bestrebungen nach einem vernunftgemäßen Denken und der Konzeption von Menschenrechten wurde Kritik an der Unnatürlichkeit des Kastratenwesens laut. Sängerinnen konnten sich nun wieder neben den Sopranisten und Altisten behaupten. Nach der Ära

Zusammenfassung

Hasse kam es zur allmählichen Verdrängung der Sängerkastraten von der Bühne. Die einstige Pracht der musiktheatralischen Aufführungen, welche durch die beschnittenen Italiener entscheidend mitbestimmt wurde, verlor sich in Dresden endgültig im Aufstreben der deutschen Oper unter Carl Maria von Weber. Die italienischen Sänger waren nun hauptsächlich im Bereich der Kirchenmusik anzutreffen. Die Komponisten gingen dazu über, die Sopran- und Altpartien ihrer Opern an die stimmlichen Fähigkeiten der weiblichen Darstellerinnen anzupassen. Die Zahl der Neueinstellungen am Dresdner Hof ließ rapide nach, da sich der Kunstgeschmack dem Zeitverlauf entsprechend änderte und die Träger der hohen Stimmen, die mit ihrer physiologischen Besonderheit kaum mehr aufzufinden waren, im übrigen Europa bereits schon länger durch Frauen ersetzt worden waren. Die alternden Kastraten des Dresdner Hofes hatten nun nicht mehr die Befähigung, Forderungen an Gehalt und Anstellungsdauer geltend zu machen, sondern mussten sich den Konditionen beugen, die ihnen angeboten wurden.

Am Beispiel des Dresdner Hofes wurde der Weg der Sängerkastraten während ihrer 200jährigen Wirkungszeit beleuchtet. Neben der Betrachtung wissenschaftlich relevanter Belange zeigte sich, dass die hermaphroditischen Stimmen der beschnittenen Italiener eine Euphorie auslösten, die das Kunstverständnis der Menschen derart eingrenzte, dass lange Zeit nicht nach den Bedingungen für diese

Zusammenfassung

Musikausübung gefragt wurde. Der Weg der Sängerkastraten offenbarte sich als Aporie, deren Kontraproduktivität erst im Geist der Aufklärung erkannt wurde. Es zeigte sich, dass die von Kunst und Moral ermöglichte Illusion auf der physischen und psychischen Verstümmlung tausender Knaben basierte, von denen nur ein geringer Teil die tatsächliche Bestimmung als Sänger erreichte. Noch heute unterliegt die Bezahlung des sängerischen Ruhmes der damaligen Primi Uomini durch humane Destruktion einer Relativierung, die sich im Begeisterungstaumel für das Verborgen-Vergangene und im skeptischen Hinterfragen der damaligen Kunstanschauung zeigt. Was bleibt, sind großartige Kompositionen. Daneben steht die Frage, welcher Stimmklang die Erstaufführungen dieser Werke begleitete, wie die Protagonisten aussahen, was ihnen das Leben wertvoll machte und ob sie bereit gewesen wären, für den schweren Weg der Ausbildung, für die Trennung von Eltern und Geschwistern, für den Verzicht auf eine eigene Familie, für emotionale Isolation, für eine soziale Sonderstellung, für Reichtum und künstlerische Anerkennung, für die Ausübung dieser wundervollen Musik den Preis zu zahlen, den die Gier der Menschen nach Schönheit und Einzigartigkeit ihnen abverlangte.

Auftrittsverbot für Frauen

Johann Georg I. | Johann Georg II. | Johann Georg III.

1647 49 51 53 55 57 59 61 63 65 67 69 71 73 75 77 79 81 83 85

- Bontempi (1. Kastrat am Dresdner Hof)
  - Perandi
  - Melani, Domenico
  - ~Piermarini
  - ~Donati
  - ~Protogagi
  - ~Jacobuti
  - Sorlisi
  - Blasi
  - Perotti
  - Santi
  - ~Marchesini
  - Melani, Vincenzo
  - Melani, Nicola
  - Monna
  - Battistini
  - Moran
  - Ruggieri
  - Seppi
  - Fidi
  - ~Pivido

Beschränkung der Hofhaltung

Johann Georg IV. | Friedrich August I.

87 89 91 93 95 97 1700 03 05 07 09 11 13 15 17 19 21 23 25

- della Donna
- Giustachini
- Grua
- Rossi
- (Monna)
- Benedetti
- Michaeli
- Scandalibeni
- Stella
- Bernardi
- Berselli
- Pacini
- Boschi
- Berenstadt
- Pozzi
- Ruota

Wiederbelebung der italienischen Oper

Religionswechsel > Dreiteilung der Kapelle

Altranstädter Frieden > Niederlegung der polnischen Königskrone > finanzieller Ruin

Hochzeitsfeierlichkeiten

Friedrich August II. (Johann Adolph Hasse) — Xaver

Timeline 27–65:
- (Ruota)
- (Pozzi)
- • Campioli
- • Annibali
- • Bindi
- • Pignotti
- • Rocchetti
- • Pacifico
- • Perini
- • Carestini
- • Potenza
- • Tenducci
- • Belli
- • Salimbeni
- • Putini
- • Spindler
- • Monticelli
- • Bruscolini

Friedrich August III (Spindler)

Timeline 67–05 (1800):
- (Perini)
- •Paccherotti
- • Caselli
- • Folcarelli
- • Benedetti • Cavana
- • Damiani — • Sciroli
- • Martini — • Andriani
- Bertoldi > Wiedereröffnung der ital. Oper
- • Bellaspica
- • Beretta
- • Carano
- • Cavola
- • Vecchio
- • Dinni
- • Cibelli
- • Ceccarelli
- • Belli
- • Sassaroli

Anton

Timeline 07–45:
- (Sassaroli)
- (Ceccarelli)
- (Belli)
- • Buccolini
- • Muschietti
- • Tarquini
- Ciccarelli

167

Epilog

Heinrich Heine

Die Heimkehr[1]

Doch die Castraten klagten,
Als ich meine Stimm` erhob;
Sie klagten und sie sagten:
Ich sänge viel zu grob.

Und lieblich erhoben sie alle
Die kleinen Stimmelein,
Die Trillerchen, wie Krystalle,
Sie klangen so fein und rein.

Sie sangen von Liebessehnen,
Von Liebe und Liebeserguß;
Die Damen schwammen in Thränen
Bei solchem Kunstgenuß.

---

[1] Heinrich Heine: Poetische Werke. Erster Band: Buch der Lieder. Die Heimkehr 1823 – 1824. Hamburg 1869. S. 242.

Quellenverzeichnis

Autographen der Sächsischen Landesbibliothek–Staats- und Universitätsbibliothek, Musikabteilung.

Hasse, Johann Adolf: *L'Olimpiade. Dramma per musica.* Dresda 1756. Mus. 2477-F-83.

Lotti, Antonio: *Ascanio overo gl'odi delusi dal sangue.* Dresda 1718. Mus. 2159-F-5.

Lotti, Antonio: *Teofane. Dramma per musica.* Dresda 1719. Mus. 2159-F-7.

Ristori, Giovanni A.: *Le Fate. Dramma per musica.* Dresda 1736. Mus. 2455-F-5.

Hauptstaatsarchiv Dresden Akten des Geheimen Kabinetts

Loc. 383/01 Varia, das Theater, die italienische Oper, 1680-1784.

Loc. 383/03 Engagements einiger zum Theater gehöriger Personen 1699 ff.

Loc. 383/04 Die Bande französischer Komödianten und Orchester. 1703-1720.

Loc. 383/05 Die Bande französischer Komödianten und Orchester. 1721-1733.

Loc. 383/08 Theaterangelegenheiten. 1811 & 1817.

Loc. 907/02 Die italienischen Komödianten. 1715-1756.

Loc. 907/03 Die Operisten, Musiker, Sänger und andere zur Oper gehörige Personen. Bd. 1. 1717-1720.

Loc. 907/04 Die italienischen Sänger und Sängerinnen, das Orchester, die Tänzer und Tänzerinnen, auch andere zur Oper gehörige Personen. 1733-1739/1801-1802.

Loc. 907/05 Die italienischen Sänger und Sängerinnen, das Orchester, die Tänzer und Tänzerinnen, auch andere zur Oper gehörige Personen. 1740-1784.

Loc. 907/08 Die monatlichen Zuschussgelder der Theaterkasse. 1764-1768.

Loc. 908/02 Die Schauspiele und Redouten auf dem kurfürstlichen Kleinen Theater. 1750-1764.

Loc. 908/07 Schauspiele und Redouten auf dem Kleinen Theater, in specie die dem Entrepreneur Joseph Bustelli für seine eigene Rechnung überlassene Opera buffa. 1770-1779.

Loc. 908/08 Schauspiele und Redouten auf dem Kleinen Theater, in specie die dem Entrepreneur Antonio Bertoldi für seine eigene Rechnung überlassene Opera buffa. 1780 ff.

Loc. 908/09 Schauspiele und Redouten auf dem Kleinen Theater, in specie die dem Entrepreneur Antonio Bertoldi für seine eigene Rechnung überlassene Opera buffa. 1783 ff.

Loc. 909/01 Schauspiele und Redouten auf dem Kleinen Theater, in specie mit dem Entrepreneur Andreas Bertoldi wegen der Opera buffa geschlossene Kontrakt.

Loc. 909/02 Schauspiele und Redouten auf dem Kleinen Theater, in specie mit dem Entrepreneur Andreas Bertoldi wegen der Opera buffa geschlossene Kontrakt. 1793 ff.

Loc. 909/05 Die Aufführung deutscher Schauspiele, besonders in Dresden auf dem kurfürstlichen Kleinen Theater und in Leipzig. 1787-1803.

Loc. 909/06 Die Hoftheater-, Kirchen- und Opernsänger, ingleichen die musikalische Kapelle. 1814.

Loc. 910/01 Das kurfürstliche Orchester und dessen Unterhaltung, ingleichen das Große Opernhaus und andere zum Departemente des Pläsiers gehörige Angelegenheiten. 1711-1768.

Loc. 910/02 Das kurfürstliche Orchester und dessen Unterhaltung, ingleichen das Große Opernhaus und andere zum Departemente des Pläsiers gehörige Angelegenheiten. 1769 ff.

Quellenverzeichnis

Loc. 910/03 Das kurfürstliche Orchester und dessen Unterhaltung, ingleichen das Große Opernhaus und andere zum Departemente des Pläsiers gehörige Angelegenheiten. 1771 ff.

Loc. 2427/05 Acta – Schauspiele und Redouten auf dem kleinen Theater, *in specie* den mit dem *Entrepreneur Andrea Bertoldi*, wegen der *Opera buffa*, geschlossenen Contract, ingleichen die in Pillnitz aufgeführten Opern und Tafel-Musik.

Loc. 2427/07 Das kurfürstliche Orchester und dessen Unterhaltung, ingleichen das große Opernhaus und andere zum Departement des Direkteur des Plaisiers gehörige Angelegenheiten. 1803 ff.

Loc. 2428/02 Schauspiele und Redouten auf dem Kleinen Theater, im speziellen mit dem Entrepreneur Andrea Bertoldi wegen der Opera buffa geschlossene Kontrakt, ingleichen die in Pillnitz aufgeführten Opern und Tafelmusik. 1805 ff.

Loc. 2428/03 Schauspiele und Redouten auf dem Kleinen Theater, im speziellen mit dem Entrepreneur Andrea Bertoldi wegen der Opera buffa geschlossene Kontrakt, ingleichen die in Pillnitz aufgeführten Opern und Tafelmusik. 1808.

Geheimer Rat (Geheimes Archiv)

Loc. 13542/48 Aktenstücke (Gehaltsrechnungen). 1681-1719.
Loc. 15146 Schauspiele und Redouten. Vol. XIV. BII. 1811 ff.
Loc. 15147 Das Königl. Orchester. Vol. XXIII. 1829.
Loc. 15147 Das Königl. Orchester. Vol. XXIV. 1830.
Loc. 15148 Königliches Theater. Vol. I. Aug. 1816-Aug. 1817. Vol. II. Sept. 1817-1818. Vol. III. 1819. Vol. IV. 1821-1824. Vol. V. 1825/26.
Loc. 15149 Die Königlichen Theater. Vol. VI. 1827
Loc. 15149 Die neue Einrichtung der musikalischen Kapelle und des Hoftheaters 1831.

Finanzarchiv – Kammerkollegium/Geh. Finanzkollegium

Loc. 32623 Rep. LII Gen. 221 Der Königlich-Polnischen Capelle von Musicis Besoldungs-Rückstände betreffend. (1697-1705).
Loc. 32691 Rep. LII Gen. 696. Nr. 131: Imitationen von Hof-Stellen. 1659-1697.
Loc. 32751 Rep. LII Gen. 849 Lage 10

11125 Ministerium für Volksbildung

Nr. 14432 Acta, die Königlich musikalische Kapelle betreffend. Vol. II. 1833-1835.
Nr. 14434 Acta, die Königlich musikalische Kapelle betreffend. Vol. IV. 1837-1839.
Nr. 14435 Acta, die Königlich musikalische Kapelle betreffend. Vol. V. 1840.
Nr. 14436 Acta, die Königlich musikalische Kapelle betreffend. Vol. VI. 1841.

Zeitschriften

Peter Georg Mohrenthal: *Kern Dreßdnischer Merkwürdigkeiten*. Juli 1731; Januar & Februar 1738; Juni 1758

Literaturverzeichnis

Adrian, Irene:	*Francesco Ceccarelli. Leben eines Sänger-Kastraten zur Mozart-Zeit.* Diplomarbeit, Salzburg 1990.
Amstad, Marietta:	*Das berühmte Notenblatt des Porpora.* In: *Musica.* Bd. 23. Firenze 1969. S. 453-455.
Balzac, Honoré de:	*Sarrasine.* Berlin 1989.
Barbier, Patrick:	*Histoire des castrats.* Paris 1989.
Baretti, Giuseppe (u.a.):	*Beschreibung der Sitten und Gebräuche in Italien.* 2 Bände. Breslau, 1781.
Bauer, Katrin:	*Böhmische Musiker am Hofe zu Dresden im 18. Jahrhundert.* Diplomarbeit, Dresden 1981.
Becker-Glauch, Irmgard:	*Bedeutung der Musik für die Dresdner Hoffeste.* Kassel 1951.
Bontempi, Giovanni Andrea Angelini:	*Historia musica.* Perugia 1695.
Brescius, Hans von:	*Die Königlich Sächsisch musikalische Kapelle von Reissiger bis Schuch (1826–1898).* Dresden 1898.
Browe, Peter:	*Zur Geschichte der Entmannung.* In: Breslauer Studien zur historischen Theologie. Band 1. Breslau 1936.
Burney, Charles:	*Tagebuch einer musikalischen Reise durch Frankreich und Italien, durch Flandern, die Niederlande und am Rhein bis Wien, durch Böhmen, Sachsen, Brandenburg, Hamburg und Holland 1770-1772.* Leipzig 1968.
Delblanc, Sven:	*Kastraten.* Stuttgart 1983.
Durante, Sergio:	*Der Sänger.* Laaber 1992.

Engländer, Richard:	*Zur Musikgeschichte Dresdens gegen 1800.* In: *Zeitschrift für Musikwissenschaft.* Band IV. Leipzig 1921/22. S. 199-241.
Engländer, Richard:	*Dresden und die deutsche Oper im letzten Drittel des 18. Jahrhunderts.* In: *Zeitschrift für Musikwissenschaft.* Band 3. Leipzig 1920. S. 1-21.
Fritz, Hans:	*Kastratengesang. Hormonelle, konstitutionelle und pädagogische Konzepte.* Tutzing 1994.
Fürstenau, Moritz:	*Beiträge zur Geschichte der königlich-sächsischen musikalischen Kapelle.* Dresden 1849.
Fürstenau, Moritz:	*Zur Geschichte der Musik und des Theaters am Hofe zu Dresden.* 2 Bände. Dresden 1861/62. Reprint, Leipzig 1971.
Fürstenau, Moritz:	*Die Theater in Dresden.* Dresden 1875.
Grass, Karl Konrad:	*Die russischen Sekten.* Band II: *Die weissen Tauben oder Skopzen.* Leipzig 1966.
Haas, Robert:	*Beitrag zur Geschichte der Oper in Prag und Dresden.* Dresden 1916.
Haböck, Franz:	*Die Gesangskunst der Kastraten.* Band 1,1: *Die Kunst des Cavaliere Carlo Broschi Farinelli.* Wien 1923.
Haböck, Franz:	*Die Kastraten und ihre Gesangskunst.* Leipzig 1927.
Heinemann, Michael:	*Giovanni Andrea Angelini Bontempis „Dafne". Musiktheater am Dresdner Hof in der zweiten Hälfte des 17. Jahrhunderts.* In: Marx, Barbara: *Elbflorenz.* Dresden 2000. S. 135-142.
Heriot, Agnus:	*The Castrati in Opera.* London 1975.

Literaturverzeichnis

Hesiod: *Theogonie.* Heidelberg 1913.

Hiller, Johann Adam: *Lebensbeschreibungen berühmter Musikgelehrter und Tonkünstler neuerer Zeit.* Nachdruck, Leipzig 1975.

Hochmuth, Michael: *Chronik der Dresdner Oper. Zahlen, Namen, Ereignisse.* Hamburg 1998.

Hochmuth, Michael: *Chronik der Dresdner Oper.* Band 2: *Die Solisten.* Dresden 2002.

Hochmuth, Michael: *Chronik der Dresdner Oper.* Sonderdruck Nr. 1: *Die Opernhäuser in den kursächsischen Lust- und Jagdschlössern.* Dresden 2003.

Horn, Wolfgang: *Die Dresdner Hofkirchenmusik 1720-1745. Studien zu ihren Voraussetzungen und ihrem Repertoire.* Stuttgart 1987.

Hupel, August Wilhelm: *Vom Zweck der Ehen. Ein Versuch, die Heurath der Castraten und die Trennung unglücklicher Ehen zu vertheidigen.* Hartknoch, Riga 1771.

John, Hans: *Die Kastraten und ihre Gesangskunst in Dresden.* In: Günther Stephan und Hans John (Hrsg.): *Dresdner Operntraditionen.* Schriftenreihe der Hochschule für Musik „Carl Maria von Weber" Dresden. Sonderheft. Dresden 1986. S. 197-207.

Kahl, Willi: *Selbstbiographien deutscher Musiker.* Reprint, Niederlande 1972.

Korsmeier, Claudia Maria: *Der Sänger Giovanni Carestini (1700–1760) und „seine" Komponisten: die Karriere eines Kastraten in der ersten Hälfte des 18. Jahrhunderts.* Hrsg. von Klaus

Landmann, Ortrun: Hortschansky. Schriften zur Musikwissenschaft aus Münster 13. Eisenach 2000.

Landmann, Ortrun: *The Dresden Hofkapelle during the Lifetime of Johann Sebastian Bach.* In: Early Music, Bd. 17, 1989. S. 17-30.

Landmann Ortrun: *Die Dresdner italienische Oper zwischen Hasse und Weber. Ein Daten- und Quellenverzeichnis für die Jahre 1765-1817.* Studien und Materialien zur Musikgeschichte Dresdens. Band 2. Dresden 1976.

Landmann, Ortrun: *Die italienische Oper in Dresden nach Johann Adolf Hasse – Entwicklungszüge 1765-1832.* In: Günther Stephan und Hans John (Hrsg.): *Die italienische Oper in Dresden von Johann Adolf Hasse bis Francesco Morlacchi: Wissenschaftliche Konferenz im Rahmen der Dresdner Musikfestspiele 1987.* Schriftenreihe der Hochschule für Musik „Carl Maria von Weber" Dresden. 11. Sonderheft. Dresden 1987. S. 393-416.

Landmann, Ortrun: *Italienische Opernpraxis in Dresden.* Antiqua Musicae Italicae Studiosi, Como 1995.

Landmann, Ortrun: *Quellenstudien zum Intermezzo comico per musica und zu seiner Geschichte in Dresden.* Dissertation, Rostock 1972.

Magnus, Albertus: *De animalibus.* Münster 1916.

Marcello, Benedetto: *Il teatro alla moda.* Pizzicato Edizioni Musicali, Udine (Italia) 1992.

Martienssen-Lohmann, Franziska: *Der wissende Sänger.* Zürich 1988.

Mattheson, Johann: *Critica musica.* Hamburg 1772.

Literaturverzeichnis

Merschejesky, W.O.: *Einfluß der Verschneidung auf die Entwicklung des männlichen Organismus.* In: Pelikan, E.: *Gerichtlich-medicinische Untersuchungen über das Skopzenthum in Russland.* Gießen/St. Petersburg 1876.

Möbius, Paul: *Beiträge zur Lehre von den Geschlechterunterschieden.* Heft 3/4: *Über die Wirkung der Castration.* Halle 1903/04.

Mücke, Panja: *Johann Adolf Hasses Dresdner Opern im Kontext der Hofkultur.* Laaber 2003.

Ortkemper, Hubert: *Engel wider Willen.* München 1993.

Ott, Karin: *Handbuch der Verzierungskunst in der Musik.* Band 5: *Das Lied – Die Kastraten.* München 1999.

Otto, Clemen: *Dresdner Eindrücke aus dem Jahre 1816.* In: *Dresdner Geschichtsblätter.* Nr. 1, Dresden 1918.

Petrick, Romy: *Das Dresdner Musik- und Kulturleben in der ersten Hälfte des 18. Jahrhunderts aus Sicht der „Dreßdnischen Merkwürdigkeiten".* Diplomarbeit, Dresden 2004.

Petrick, Romy: *Das bürgerliche Musik- und Theaterleben Dresdens im 18. Jahrhundert,* Dissertation, Marburg 2010.

Plinius Secundus, Gaius: *Naturalis historia. Libri VII-XV.* Stuttgart 1967.

Poland, Franz: *Die letzten zehn Jahre der italienischen Oper zu Dresden bis 1830.* In: *Allgemeine musikalische Zeitung,* 1880, Nr. 41, S. 646

Prölss, Robert: *Geschichte des Hoftheaters zu Dresden von seinen Anfängen bis zum Jahre 1862.* Dresden 1878.

Literaturverzeichnis

Ranke-Heinemann, Uta: *Eunuchen für das Himmelreich. Katholische Kirche und Sexualität.* Hamburg 1989.

Reinders, Ank: *Atlas der Gesangskunst.* Kassel 1997.

Richter, P. E.: *Tabellarisches Verzeichnis, wie die Personen des Churf. Orchesters a) 1763 mit Besoldung in Ansatz gestanden, b) was selbige vermöge Reglement d. d. 28. Febr. 1764 erhalten.* Dresden, 1764.

Rosselli, John: *The castrati as a professional group and a social phenomenon.* In: *Acta Musicologica.* 60 (1988). S. 143-179.

Rosselli, John: *Singers of Italien Opera: the history of a profession.* Cambridge University, 1992.

Rudhart, Franz Michael: *Geschichte der Oper am Hofe zu München. Nach archivalischen Quellen bearbeitet.* Band I: *Die italiänische Oper von 1654–1787.* Freising 1865.

Scheier, Max: *Über den Kehlkopf des Eunuchen.* In: *Monatsschrift für Ohrenheilkunde sowie für Kehlkopf-, Nasen-, Rachenkrankheiten.* Heft 35/10 (1901). S. 439-442.

Schmid, Otto: *Geschichte der Dreyssigschen Singakademie zu Dresden. Zur 100jährigen Jubelfeier.* Dresden 1907.

Schnoor, Hans: *Die Stunde des Rosenkavaliers. 300 Jahre Dresdner Oper.* München 1968.

Scholz, Piotr O.: *Der entmannte Eros.* Düsseldorf/Zürich 1997.

Schütz, Heinrich: *Gesammelte Briefe und Schriften.* Hildesheim 1976.

Tosi, Pier Francesco (u. a.): *Anleitung zur Singkunst.* Nachdruck. Leipzig, 1966.

Volkmann, Johann Jacob: *Historisch-kritische Nachrichten von Italien.* Leipzig 1777.

Literaturverzeichnis

Voltaire, F. M. A. de:	*Candide.* Rowohlt, Hamburg 1957.
Walter, Michael:	*Italienische Musik als Repräsentationskunst der Dresdner Fürstenhochzeit von 1719.* In: Marx, Barbara: *Elbflorenz.* Dresden 2000. S. 177-202.
Weilen, Alexander von:	*Geschichte des Wiener Theaterwesens von den ältesten Zeiten bis zu den Anfängen der Hoftheater.* Gesellschaft für vervielfältigende Kunst, Wien 1899.
Wirth, Günther:	*Stimmstörungen: Lehrbuch für Ärzte, Logopäden, Sprachheilpädagogen und Sprecherzieher.* Köln 1995.
Wunnicke, Christine:	*Die Nachtigall des Zaren. Das Leben des Kastraten Filippo Balatri.* Hildesheim 2001.
Zórawska-Witkowska:	*Muzyka na Dworze Augusta II w Warszawie.* Zamek Królewski w Warszawie, Warszawa 1997.

Lexika

Eitner, Robert: *Biographisch-Bibliographisches Quellen-Lexikon.* Graz 1959.
Kutsch, K.J. und Riemens, Leo: *Großes Sängerlexikon.* Bern, Stuttgart 1987.
Mendel, Hermann: *Musikalisches Konversationslexikon.* Berlin 1870.
Schilling, Gustav & Fink, Gottfried Wilhelm: *Encyclopädie der gesamten musikalischen Wissenschaften, oder Universal-Lexicon der Tonkunst.* Stuttgart 1835.
Duden. Das Herkunftswörterbuch. Band 7. Leipzig, 1997. Artikel: *Kastrat.* S. 334.
Die Musik in Geschichte und Gegenwart. Allgemeine Enzyklopädie der Musik begründet von Friedrich Blume. Personenteil 15. Stuttgart 2006. Breig, Werner: *Heinrich Schütz.* Sp. 358-409.

Abbildungsnachweis

Cover: John Vanderbank: *Gaetano Baerenstadt, Francesca Cuzzoni und Senesino, in einer Szene aus Händels „Flavio"*, Stich von 1723. Wikimedia.

S. 17: Buchillustration aus *Practica copiosa* von Caspar Stromayr, 1559. Wikimedia.

S. 22: Antonio Maria Zanetti: Karikatur Giovanni Carestinis, Zeichnung aus dem Jahr 1743, Venedig, Wikimedia.

S. 24: Der vor der Mutation gänzlich verschnittene Skopze Iwan Gregor. Aus: Tandler, Julius: Die biologischen Grundlagen der sekundären Geschlechtscharaktere, Berlin 1913, S. 49.

S. 49: Frontalschnitt des Kehlkopfes von hinten. Archiv Hauptfleisch.

S. 53: Carl Heinrich Jakob Fehling, *Elevation du grand Theatre royal*, Aufführung einer Oper von Antonio Lotti im September 1719, Federzeichnung, um 1730 (Dresden, Kupferstich-Kabinett, Inv. Nr. C 6695). Wikimedia.

S. 74: Alexander Van Haecken, *Francesco Bernardi „Senesino"*, 1735. Wikimedia.

S. 82: George Knapton, *Giovanni Carestini*, 1735. Wikimedia.

S. 120: Anton Raphael Mengs, *Der Sänger Domenico Annibali in Dresden. 1744.* Pastell, Staatliche Kunstsammlungen Dresden, Gemäldegalerie Alte Meister. Wikimedia.

S. 122: Francesco Ponte, *Domenico Annibali in der Oper „Ipermestra"*, Federzeichnung von *1751*, Wikimedia.

S. 124 Georg Friedrich Schmidt, Felice Salimbeni, Stich um 1751, Wikimedia.

www.ingramcontent.com/pod-product-compliance
Lightning Source LLC
Chambersburg PA
CBHW030121240426
43673CB00041B/1362